Liebe Schülerin, lieber Schüler!

Mit diesem Arbeitsheft kannst du das **Lesen** und **Verstehen** von **Texten** üben und somit deine Lesefähigkeiten verbessern. Die Aufgaben helfen dir vor allem bei der **Vorbereitung auf Klassenarbeiten**, in denen dein **Leseverständnis** geprüft wird.

Das Buch enthält **8 Erzähltexte** und **7 Sachtexte**. Zu jedem Text gibt es **Aufgaben** in der Art, wie sie auch in Lesetests üblich sind. Bearbeite die Texte und Aufgaben **selbstständig** und **am Stück**. **Tipps** dazu findest du am Ende der Lernhilfe auf Seite 60. Wichtig ist, dass du deine Antworten genau mit den Lösungen vergleichst. Zuletzt zählst du die erreichten Punkte zusammen und vergleichst mit dem angegebenen Notenschlüssel. Mit Hilfe des Notenschlüssels kannst du erfahren, wo du ungefähr stehst.

Ich wünsche dir viel Erfolg bei der Arbeit und hoffe, dass du dich damit gut auf deine Klassenarbeiten zum Leseverständnis in der 4. Klasse vorbereiten kannst.

Liebe Eltern!

Sie haben dieses Arbeitsheft gekauft, damit sich Ihr Kind ganz gezielt auf entsprechende Klassenarbeiten in der 4. Klasse vorbereiten kann. Um eine realistische Prüfungssituation herzustellen, sollte Ihr Kind bei der Bearbeitung der Aufgaben zu einem Text **nicht gestört** werden und diese – wie in der Schule – **am Stück** und **alleine** bearbeiten. Wenn Ihr Kind Fragen zum Inhalt sowie zum Verständnis einzelner Aufgaben hat, ermutigen Sie es zunächst, selbst eine Lösung zu finden. Bei einer Klassenarbeit beantwortet der Lehrer in der Regel auch keine Fragen.
Helfen Sie Ihrem Kind erst am Ende bei der Überprüfung der Lösungen und beim Auszählen der Punkte. Der Notenschlüssel hat keine absolute Geltung. Orientieren Sie sich am besten an der Notengebung der Lehrerin bzw. des Lehrers Ihres Kindes.
Die Arbeitszeit für die Tests liegt bei ungefähr 45 Minuten. Außerdem sollten Sie Ihrem Kind eine zusätzliche Lesezeit von 10-15 Minuten geben.

Die **Reihenfolge** der **Texte** in dieser Lernhilfe ist nicht bindend. Obwohl die Texte vom Schwierigkeitsgrad eher ansteigend angeordnet sind, entsprechen alle Texte dem Niveau der 4. Klasse und können von Beginn an bearbeitet werden. Ihr Kind wird sicher anhand der Überschriften mitentscheiden wollen, welches Thema es am meisten anspricht. Außerdem kann zwischen Erzähl- und Sachtexten abgewechselt werden.

Ich wünsche Ihnen, dass Ihr Kind gerne und erfolgreich mit dieser Lernhilfe arbeitet und somit seine Lesefähigkeiten verbessert.

Gerhard Widmann

1. Erzähltext

Als Till Eulenspiegel Turmbläser war

Hast du schon einmal von Till Eulenspiegel gehört? Über ihn und seine Streiche gibt es viele lustige Geschichten. Sie erzählen davon, wie Till Eulenspiegel von Stadt zu Stadt zieht und viel Freude daran hat, seinen Mitmenschen einen Streich zu spielen.

Einmal kam Eulenspiegel zum Grafen von Anhalt. Der war sehr reich und lebte auf einer großen Burg. Er beherbergte gerade viele Ritter, die ihm helfen sollten, ihn und seine Bauern im Umland vor den Überfällen der Raubritter zu schützen. Da kam Till Eulenspiegel gerade recht, denn der Graf suchte einen tüchtigen Turmbläser, der die mutigen Ritter mit seinem Horn vom Turm herab warnte, sobald sich die schrecklichen Räuber in der Ferne blicken ließen.

So hielt Till Eulenspiegel Tag für Tag nach Feinden Ausschau. Dabei konnte er von seinem hohen Turm aus auch beobachten, wie es sich die Ritter im Burghof bei Speis und Trank gut gehen ließen. Einmal vergaßen sie, Eulenspiegel sein Essen hinaufbringen zu lassen. Obwohl er laut vom Turm herabrief, hörte ihn niemand, denn alle hatten schon reichlich vom guten Wein getrunken. Und gerade da geschah es, dass wenig später Raubritter in das nahe Dorf eindrangen und den Bauern die Kühe stahlen. Und was machte Eulenspiegel? Er saß vergnügt an seinem Turmfenster und sah seelenruhig dabei zu. Das Horn ließ er unberührt an der Wand hängen und wartete, bis endlich ein Bauer atemlos auf die Burg gerannt kam, um zu berichten, was geschehen war.

Die Ritter sprangen sofort auf ihre Pferde und jagten zum Tor hinaus. Doch die Räuber waren längst über alle Berge, und ihre Verfolger kehrten unverrichteter Dinge auf die Burg zurück. Wütend und in voller Rüstung stieg der Graf zu Eulenspiegel auf den Turm, um ihn zur Rede zu stellen: „Zum Donnerwetter! Warum hast du nicht ins Horn geblasen, als du die Räuber gesehen hast?“

Eulenspiegel blieb ganz ruhig und erwiderte: „Warum habt Ihr mir kein Essen bringen lassen? Wenn man nichts gegessen hat, kann man auch nicht ins Horn blasen.“ Diesmal blieb es beim Tadel des Grafen und Eulenspiegel durfte weiter Turmbläser sein. Ein paar Tage später konnten der Graf und seine Helfer den Räubern das gestohlene Vieh wieder abjagen. Sie kehrten zur Burg zurück und schlachteten einige Tiere. Sie bereiteten daraus einen köstlichen Braten und ließen es sich auf der langen Tafel im Burghof schmecken. Leider vergaßen sie wieder einmal, auch Till Eulenspiegel eine Mahlzeit auf den Turm bringen zu lassen.

Das ärgerte Till so sehr, dass er sein Horn von der Wand nahm und nach Leibeskräften hineinblies. Jeder musste glauben, dass die Raubritter erneut zurückgekehrt seien. Die Kämpfer im Hof sattelten ihre Pferde und jagten schnell wie der Wind aufs Feld hinaus. Als sie alle fort waren, stieg Eulenspiegel vom Turm herab und nahm sich von den köstlichen Bratenstücken und wohlschmeckenden Beilagen soviel er tragen konnte. Auf seinem Turm ließ er es sich so lange schmecken, bis er keinen Bissen mehr hinunterbrachte.

Einige Zeit verging, dann kam der Graf wutentbrannt zu Eulenspiegel, der entspannt im Turmzimmer saß. „Du bist wohl völlig verrückt geworden! Du bläst einfach ins Horn, obwohl kein einziger Räuber weit und breit zu sehen ist!“
„Da ist der Hunger schuld. Wenn man etwas zu essen braucht, bläst man eben Feinde herbei, auch wenn keiner zu sehen ist.“
„Ach was“, sagte der Graf zornig. „Einen Turmbläser, der genau das Gegenteil von dem macht, was vereinbart wurde, kann ich nicht gebrauchen.“

Der Graf suchte sich einen anderen als Turmbläser und Eulenspiegel musste zur Strafe mit den Rittern in den Kampf ziehen, wenn Feinde nahten. Doch dabei ließ sich Eulenspiegel jedes Mal so viel Zeit, dass er immer als Letzter bei den Kämpfen erschien, aber als Erster wieder in der Burg beim Essen war. Das fiel allen auf und der Graf befahl Eulenspiegel, ihm sein Verhalten zu erklären.

„Es ist so“, sagte der, „auf dem Turm habe ich lange hungern müssen. Das hat meine Gesundheit angegriffen. Jetzt muss ich mich schonen und gut essen, damit ich endlich wieder zu Kräften komme.“
Da wurde es dem Grafen endgültig zu viel: „Mach dich vom Acker!“, schrie er Till an und jagte ihn davon. Was Eulenspiegel durchaus recht war.

1 Wo genau spielt diese Geschichte von Till Eulenspiegel?

____

☐ /1

2 Vergleiche den Satz genau mit dem Text. Streiche falsche Wörter durch und schreibe die richtigen darüber.

Er beherbergte gerade einige Ritter, die ihm helfen sollten, ihn und

seine Familie vor den Überfällen der Räuber zu schützen.

☐ /3

3 **Welche Aufgabe hat Till Eulenspiegel als Turmbläser?**

/1

4 **Obwohl Till sieht, dass Raubritter das Dorf überfallen, bläst er nicht ins Horn. Unterstreiche die Sätze im Text grün, mit denen er gegenüber dem Grafen sein Verhalten begründet.** /1

5 **Der Graf stellt Till Eulenspiegel zweimal zur Rede. Male die Eigenschaften, die Tills Verhalten charakterisieren, grün an. Male Wörter, die zum Verhalten des Grafen passen, rot an.**

entspannt | wütend | seelenruhig | vergnügt

wutentbrannt | zornig

/3

6 **Von wem erfährt der Graf schließlich, dass Raubritter das Dorf überfallen haben? Antworte mit einem ganzen Satz.**

/1

7 **In welchen Zeilen steht der Satz „Doch die Räuber waren längst über alle Berge ...“?**

Z. ______

▶ **Was bedeutet dieser Satz? Kreuze an.**

- ◯ Die Räuber sind über ein Gebirge geflohen.
- ◯ Die Räuber sind nicht mehr einzuholen.
- ◯ Die Räuber müssen alle Berge auf ihrer Flucht überqueren.

/2

8 **Aus welchem Grund bläst Till Eulenspiegel später doch noch in sein Horn?**

/2

9 **Woher hatten die Ritter die köstlichen Bratenstücke, die sich Eulenspiegel mit auf den Turm nimmt?**

____

____

______________________________ /1

10 **Mit welchem Satz begründet der Graf seine Entscheidung, Till nicht mehr als Turmbläser zu beschäftigen? Unterstreiche diesen Satz im Text rot.** /1

11 **Kreuze alle richtigen Antworten an.**

Eulenspiegel muss mit den Rittern in den Kampf ziehen, weil ...

- ◯ der Graf ihn damit bestrafen will.
- ◯ er sich somit sein Essen verdienen muss.
- ◯ er als Turmbläser versagt hat.
- ◯ der Graf einen zusätzlichen Ritter braucht.

Der Graf jagt Till Eulenspiegel davon, weil ...

- ◯ dieser seine Arbeit nicht ordentlich macht.
- ◯ er ihm nichts zu essen geben möchte.
- ◯ er keinen Platz mehr in der Burg hat.
- ◯ er sich über ihn nur ärgern muss.

/4

12 **Wie begründet Till Eulenspiegel, dass er immer als Letzter zum Kampf gegen die Feinde erscheint? Unterstreiche diese Sätze blau im Text.** /1

13 **Glaubst du Till Eulenspiegel, dass das der wahre Grund ist? Begründe deine Meinung.**

____

____

______________________________ /2

Von 23 Punkten hast du ______ erreicht.

Fertig?
Überprüfe nochmals
deine Antworten.

2. Erzähltext

Meine kleine Fußballgeschichte

Moritz wohnt drei Stockwerke über mir. Er ist ziemlich klein, aber Fußball spielt er um drei Klassen besser als ich. Und weil ich auch so beliebt sein will wie er, gehe ich mit ihm in den Fußballverein der E-Junioren. Wie ich ihn beneide, diesen kleinen Wirbelwind! Manchmal spielt er mir den Ball zu, das tut mir gut. Doch ich habe immer Angst, dass ich den Ball nicht gut annehmen kann und ihn schnell wieder verliere. Und dann weiß ich nicht, wem ich ihn zuspielen soll. Mein Kopf ist zu langsam für solche Entscheidungen. Ich bin eher ein Mann für einfache Aufgaben. Aber wer braucht so einen?

Ich bin nämlich ein ziemlich dicker Junge, der mit den anderen nicht mithalten kann. Alle im Verein können gut mit dem Ball umgehen, ich kann es nicht. Meine Mitspieler sind schnell, ich bin langsam. Deshalb werde ich meistens ausgewechselt. Aber ich bleibe im Verein. Ich will einfach dazugehören.

Beim letzten Spiel vor der Sommerpause spielten wir von der Nordstadt gegen die von der Südstadt. Dass mich der Trainer aufgestellt hatte, freute mich. Das Wetter war schön, ein warmer Junitag, nicht zu heiß, der Rasen trocken und der Boden fest. Ich durfte einer der beiden Mittelfeldspieler sein. Moritz, der flinke Ballkünstler, spielte ganz vorne.
„Heute schießt du ein Tor!“, rief er mir noch zu.
Er sollte recht behalten.

Das Spiel war fast zu Ende und es stand 2:1 für uns. Ich lief gerade ein wenig zurück, da kam ein hoher Ball in unseren Strafraum. Ich stürzte ihm entgegen, obwohl unser Torwart schon herausgelaufen war. Schwerfällig wie ich bin, erwischte ich den Ball nur knapp mit der Schulter. Das lenkte ihn ab, und unerreichbar für unseren Torwart flog er an ihm vorbei und holperte langsam auf das Netz zu. Ich stand wie gebannt da und sah, wie der Ball über die Torlinie hinweg den Weg in unser eigenes Tor fand.

Unser Torwart warf mir einen traurigen Blick zu. Mit hängendem Kopf holte er den Ball aus dem Netz. „Du bist schuld. Du allein!“, schrie er mich wütend an. Da pfiff der Schiedsrichter das Spiel ab.
Mir war schlecht. Alle hatten es gesehen. Und die von der Südstadt jubelten. Wie fühlte ich mich allein. Keiner würdigte mich noch eines Blickes. Nie mehr wollte ich einen Ball berühren. Aber es kam anders.

Vor allen Mitspielern ging Moritz auf mich zu: „Das kann doch jedem mal passieren. Nimm die anderen nicht zu ernst. Ich werde jetzt regelmäßig mit dir trainieren und du wirst sehen, irgendwann schießt du ein richtiges Tor.“
Ich hatte meine Zweifel, aber es tat gut, zu wissen, dass ich zum ersten Mal einen Freund an meiner Seite hatte. Und dann sagte er noch etwas, was mein Herz hüpfen ließ: „Wir brauchen dich.“

Ich lief nach Hause, beschwingt wie noch nie. Gedanken schwirrten wie tanzende Mücken durch meinen Kopf, und von diesem Tag an war nichts mehr wie zuvor. Moritz hielt Wort. Immer wieder gingen wir in den Sommerferien auf den Bolzplatz und trainierten Pass- und Schusstechniken, richtige Ballführung, wie man dribbelt und Tore schießt. Das war anstrengend. Moritz nahm die Sache sehr ernst. Doch ich hatte das Gefühl, dass ich besser wurde.

Ein Spiel nach der Sommerpause werde ich nie vergessen. An einem nassen und kühlen Herbstnachmittag dämmerte es schon ungewöhnlich früh. Die Scheinwerfer tauchten den Platz in ein geheimnisvolles Licht.

Die gegnerische Mannschaft war nicht besonders in Form an diesem Tag. Inzwischen war ich Stammspieler geworden und wurde nicht mehr ständig ausgewechselt. Immer öfter wagte ich mich nach vorne zum gegnerischen Tor. Wir bekamen eine Ecke. Neben mir hatte sich ein Knäuel von Spielern gebildet, denn jeder wollte den Ball mit seinem Kopf erwischen; die einen, um ihn vom Tor fernzuhalten, die anderen, um ihn hineinzuköpfen. Auch ich stand in guter Position vor dem gegnerischen Tor. Moritz schoss die Ecke und der Ball flog, unerreichbar, über alle hinweg gerade auf mich zu. Vor meinen Füßen blieb er liegen, und was jetzt kam, war kein Kunststück mehr.

Ein Leben ohne Fußball kann ich mir nicht mehr vorstellen.

1 Warum geht der Erzähler in den Fußballverein? Kreuze an.

- ◯ Er will so beliebt sein wie Moritz.
- ◯ Er möchte etwas für seine Gesundheit tun.
- ◯ Er will einfach dazugehören.
- ◯ Er kann gut Fußball spielen.

☐ /2

2 Vervollständige die angefangenen Sätze.

Manchmal spielt Moritz dem Erzähler den Ball zu, doch der hat Angst, dass er

- ▶ den Ball ______________________
- ▶ den Ball schnell ______________________
- ▶ nicht weiß, ______________________

☐ /3

3 **Welche Adjektive passen zu dem Ich-Erzähler der Geschichte? Male sie an.**

dick | schnell | langsam | schwerfällig

wütend | flink

/3

4 **Zu welcher Mannschaft und welchem Verein gehört der Erzähler?**

/1

5 **Zu welcher Jahreszeit spielt die Geschichte? Kreuze an.**

◯ Herbst ◯ Sommer und Herbst ◯ Sommer

/1

6 **Was genau passiert beim Spiel gegen die Südstadt?**

/2

7 **Wie geht das Spiel gegen die Südstadt aus? Kreuze an.**

◯ 2:3 ◯ 2:1 ◯ 2:2 ◯ 3:3

/1

8 **Warum fühlt sich der Ich-Erzähler nach dem Spiel gegen die Südstadt zunächst alleine?**

/1

9 **Wie reagiert Moritz nach dem Spiel gegen die Südstadt?**

/2

10 Was trainiert Moritz mit dem Erzähler auf dem Bolzplatz?

____

____

____________________ /2

11 In welcher Reihenfolge stehen die folgenden Sätze im Text? Nummeriere von 1-6.

- Die Scheinwerfer tauchten den Platz in ein geheimnisvolles Licht.
- Und die von der Südstadt jubelten.
- Neben mir hatte sich ein Knäuel von Spielern gebildet ...
- Das Wetter war schön, ein warmer Junitag, nicht zu heiß ...
- Doch ich hatte das Gefühl, dass ich besser wurde.
- Deshalb werde ich meistens ausgewechselt. /3

12 In welchen Zeilen findest du den folgenden Satz?
Was ist mit diesem Satz gemeint?

Vor meinen Füßen blieb er liegen, und was jetzt kam, war kein Kunststück mehr.

Zeilen: ________ ____________________

____________________ /2

13 Welche Sprichwörter passen zur Geschichte?

- ◯ Übung macht den Meister
- ◯ Was man nicht im Kopf hat, hat man in den Beinen
- ◯ Ende gut, alles gut
- ◯ Ein Unglück kommt selten allein /2

14 Warum ist diese Geschichte nicht nur eine Geschichte über Fußball, sondern auch über Freundschaft? Begründe.

____

____

____________________ /2

Von 27 Punkten hast du ______ erreicht.

3. Fabel

Zeus und das Schaf

Ein Schaf lebte in einer spärlich bewachsenen Gebirgsgegend. Es musste viel von anderen Tieren erleiden und war ständig auf der Flucht vor seinen Feinden. Oftmals kreiste ein Adler über dem Gebiet und das Schaf war gezwungen, sein Lämmlein zu verstecken. Vor allem musste es Acht geben, dass der Wolf es nicht entdeckte, denn der strolchte häufig in der Gegend herum. Und fast war es ein Wunder, dass der Bär es noch nicht erwischt hatte.

An einem Sonntag beschloss das Schaf, den Himmelsgott Zeus aufzusuchen und ihn um Hilfe zu bitten. Demütig trat es vor den Gott und schilderte ihm sein Leid. Der sagte freundlich: „Ich sehe wohl, mein frommes Geschöpf, dass ich dich allzu schutzlos geschaffen habe, darum will ich dir auch helfen. Aber du musst selbst wählen, was für eine Waffe ich dir zu deiner Verteidigung geben soll. Vielleicht willst du, dass ich dein Gebiss mit scharfen Fang- und Reißzähnen ausrüste und deine Füße mit spitzen Krallen bewaffne?“ Das Schaf schauderte bei diesem Gedanken: „O nein, gütiger Vater, ich möchte nicht so werden wie die wilden, mörderischen Raubtiere.“

„Oder soll ich deinen Mund mit Giftwerkzeugen wappnen?“, schlug Zeus vor. Das Schaf wich bei dieser Vorstellung einen Schritt zurück. „Bitte nicht, gnädiger Herrscher, die Giftnattern werden ja überall gehasst.“

„Nun, was willst du dann haben?“, fragte Zeus geduldig. „Ich könnte Hörner auf deine Stirn pflanzen. Würde dir das gefallen?“ „Auch das bitte nicht“, wehrte das Schaf schüchtern ab, „mit meinem Gehörn könnte ich so streitsüchtig oder gewalttätig werden wie ein Bock.“

„Mein liebes Schaf“, belehrte Zeus sein sanftmütiges Geschöpf, „wenn du willst, dass andere dir keinen Schaden zufügen, dann musst auch du anderen schaden können.“ „Muss ich das?“, seufzte das Schaf und wurde nachdenklich. Nach einer Weile sagte es: „Gütiger Vater, lass mich doch lieber so sein, wie ich bin. Ich fürchte, dass ich die Waffen nicht nur zur Verteidigung gebrauchen würde, sondern auch dazu, andere anzugreifen. Lieber will ich Unrecht erleiden als Unrecht tun.“

Zeus warf einen liebevollen Blick auf das Schaf und dieses trabte ins Gebirge zurück. Von dieser Stunde an klagte das Schaf nie mehr über sein Schicksal.

(Erzählt nach Äsop und Lessing)

Beantworte nun die Fragen auf den nächsten beiden Seiten. Falls du bei einer Aufgabe mal keine Antwort weißt, dann beantworte zunächst die anderen Fragen und nimm dir ganz zum Schluss die schwierige Frage noch einmal vor.

1 **Wer ist Zeus? Wie wird er im Text noch bezeichnet?**

______________________________ /1

2 **Kreuze jeweils die richtige Antwort an.**

Das Schaf sucht Zeus auf, ...

◯ weil es vor seinen Feinden zu ihm flieht.
◯ weil es sich über die bösen Tiere beschweren möchte.
◯ weil es ihn um Hilfe bitten will.

Zeus möchte dem Schaf helfen, ...

◯ indem er dessen Lämmlein versteckt.
◯ indem er ihm eine Waffe zur Verteidigung gibt.
◯ indem er ihm zeigt, dass es gut ist.

/2

3 **An welchem Tag geht das Schaf zu Zeus? Gib auch die Zeile der Antwort an.**

______________________________ Z. ______ /1

4 **Von welchen Tieren werden das Schaf und sein Lamm in dem Text bedroht? Kreuze alle an.**

◯ Luchs ◯ Wolf ◯ Adler ◯ Skorpion ◯ Bär ◯ Bock /3

5 **Unterstreiche den Satz im Text grün, der zu diesem Bild passt.**

/1

6 **In welcher Reihenfolge bietet Zeus dem Schaf Waffen für seine Verteidigung an? Nummeriere.**

☐ Hörner ☐ Zähne und Krallen ☐ Giftwerkzeuge /1

7 ▶ **Warum will das Schaf weder Fang- und Reißzähne noch spitze Krallen? Suche den Satz im Text, der die Antwort darauf gibt. Unterstreiche ihn blau.**

▶ **Unterstreiche rot, warum das Schaf keine Giftwerkzeuge will.**

▶ **Unterstreiche orange, warum es keine Hörner möchte.**

/3

Auf der nächsten Seite geht's weiter!

8 **Mit welcher Waffe stattet Zeus das Schaf schließlich aus, damit es sich verteidigen kann?**

______________________________ /1

9 **Welchen Satz kannst du genauso in der Geschichte finden? Kreuze ihn an.**

◯ Das Schaf trat bei dieser Vorstellung einen Schritt zurück.
◯ Das Schaf trat bei diesem Gedanken einen Schritt zurück.
◯ Das Schaf wich bei diesem Gedanken einen Schritt zurück.
◯ Das Schaf wich bei dieser Vorstellung einen Schritt zurück.

/1

10 **Hier sind die beigefügten Adjektive durcheinandergeraten. Vergleiche mit dem Text und schreibe jeweils die richtigen vor die Nomen (Namenwörter).**

liebevoller Vater ______________ Vater

sanftmütiges Raubtier ______________ Raubtier

gütiger Blick ______________ Blick

mörderisches Geschöpf ______________ Geschöpf

/4

11 **Welches ist die wichtigste Aussage in dieser Geschichte? Kreuze an.**

◯ Das Schaf erfährt viel Leid durch andere Tiere.
◯ Das Schaf will lieber Unrecht erleiden als Unrecht tun.
◯ Zeus mag dieses friedfertige Tier.

/1

12 **Führe den folgenden Satz zu Ende.**

Dieser Text ist eine Fabel, weil ______________

______________________________ /1

13 **Ist es „böse", wenn ein Wolf ein schwächeres Tier tötet und frisst? Begründe deine Meinung kurz.**

____

____

______________________________ /1

Von 21 Punkten hast du ______ erreicht.

4. Erzähltext

Vier Wörter

Es waren einmal vier Wörter, die niemand verstand und die sich selbst nicht verstanden, und das war am allerschlimmsten. Sie hießen: TORNEGROM, GATREMMOS, ENNOSLIRPA, UNISJORE.

Kein Wunder, dass sie sich fehl am Platz fühlten, mit der Zeit melancholisch wurden und zu guter Letzt verzweifelt waren. Sie irrten zwischen den anderen Wörtern umher, die alle mit sich selbst zufrieden waren, sogar so armselige wie HINTENHERUM und UNTENDURCH; denn es ist immerhin besser, ein unscheinbares Wort zu sein, als eines, von dem man beim besten Willen nicht sagen kann, wofür es zu gebrauchen ist.

Nachdem die vier Wörter jedes andere Wort um Beistand gebeten hatten, ohne auch nur einen einzigen vernünftigen Rat (von Hilfe ganz zu schweigen) erhalten zu haben, beschlossen sie, gemeinsam auszuwandern, irgendwohin, wo vielleicht doch jemand zu finden war, der etwas mit ihnen anfangen konnte.

Auf ihrer Wanderschaft kamen sie an einem Spiegel vorbei, und zufällig warfen sie einen Blick hinein. Da fingen das TORNEGROM, das GATREMMOS und das ENNOSLIRPA wie verrückt an zu tanzen, so dass sie beinahe ein paar Buchstaben verloren – aber nur beinahe. Und im Spiegel konnte man sehen, warum die drei Wörter so froh waren. Dort tanzten und hüpften nämlich nicht das TORNEGROM, das GATREMMOS und ENNOSLIRPA, sondern so schöne Wörter wie MORGENROT und SOMMERTAG und APRILSONNE.

Sie waren also gar keine sinnlosen Wörter gewesen, sondern irgendein Nichtsnutz hatte sie von hinten aufgeschrieben statt von vorn, wie es sich gehört.

Nur das UNISJORE tanzte und hüpfte nicht. Wie ein Häuflein Elend saß es vor dem Spiegel, und es mochte so oft, wie es wollte, hineinschauen – es hatte dennoch keinen Grund zum Lachen: Es war zwar kein UNISJORE mehr zu sehen, sondern ein EROJSINU – aber war das am Ende nicht noch sinnloser?

Das MORGENROT, der SOMMERTAG und die APRILSONNE, die sich in aller Eile von hinten nach vorn umgetauscht hatten, trösteten das UNISJORE, so gut es ging. Sie sagten, es klänge wunderbar, von vorne wie von hinten. Das MORGENROT behauptete sogar, es sei etwas ganz Besonderes, nichts zu bedeuten und barer Unsinn zu sein.

Das UNISJORE wollte sich jedoch nicht trösten lassen. Es jammerte, nun sei es nicht nur sinnlos, sondern auch einsam und verlassen, raufte sich verzweifelt seine Buchstaben und löste sich schließlich in seine Bestandteile auf.

Hilfsbereit machten sich das MORGENROT, der SOMMERTAG und die APRILSONNE daran, ihren zerfallenen Freund wieder zusammenzufügen. Sie konnten sich aber nicht mehr an die richtige Reihenfolge erinnern und legten die Buchstaben falsch zusammen – glaubten sie.

Nun aber tanzte und hüpfte auch das UNISJORE: Es war zur JUNIROSE geworden. Was machte es noch aus, verkannt gewesen zu sein, wenn man in Wirklichkeit ein so schönes Wort wie JUNIROSE in sich trägt! Ans Auswandern dachte keines der vier Wörter mehr.

Käthe Recheis

1 **Was war für die vier Wörter am schlimmsten? Kreuze an.**

◯ dass niemand sie verstand ◯ dass sie sich selbst nicht verstanden

/1

2 **In welcher Zeile findest du den Ausdruck „sich fehl am Platz fühlen"?**

Z. ______

/1

▶ **Was bedeutet dieser Ausdruck?**
Kreuze alle Antworten an, die richtig sind.

◯ sich überflüssig vorkommen
◯ sich bei der Wahl des Platzes geirrt haben
◯ sich nicht zugehörig fühlen
◯ den richtigen Platz verfehlen

/2

3 **Finde in den Zeilen 4-13 Wörter, die etwas Ähnliches bedeuten.**
Schreibe sie dahinter.

hoffnungslos ______

miteinander ______

glücklich ______

/3

4 **Warum beschlossen die vier Wörter auszuwandern? Unterstreiche den Satz, der auf diese Frage eine Antwort gibt.**

/1

5 **Welches der vier Wörter passt zu diesem Foto? Schreibe sowohl das verdrehte, als auch das sinnvolle Wort auf.**

______

______

/2

6 **Warum tanzten die Wörter TORNEGROM, GATREMMOS und ENNOSLIRPA vor Freude, als sie in den Spiegel schauten?**

______

______

______

/2

7 Kreuze an, was richtig ist.

Das UNISJORE löste sich in seine Bestandteile auf, weil ...

◯ es seinen wirklichen Namen suchte.
◯ es sich verzweifelt seine Buchstaben raufte.
◯ es ein Nichtsnutz von hinten aufgeschrieben hatte statt von vorn. ☐ /1

8 In welchen Zeilen stehen die folgenden Sätze.

Sie sagten es klänge wunderbar, von vorne wie von hinten. Z. ____

Und im Spiegel konnte man sehen, warum die drei Wörter so froh waren. Z. ____

Ans Auswandern dachte keines der vier Wörter mehr. Z. ____ ☐ /3

9 Unterstreiche im Text die Antworten auf folgende Fragen.

blau: Wo kamen die vier Wörter auf ihrer Wanderschaft vorbei?

grün: Was war im Spiegel an Stelle von UNISJORE zu sehen?

rot: Was behauptete MORGENROT, um UNISJORE zu trösten? ☐ /3

10 Wie kamen MORGENROT, SOMMERTAG und APRILSONNE auf den richtigen Namen von UNISJORE?

____

____

____

____________________ ☐ /2

11 Welcher Satz steht genauso im Text? Kreuze ihn an.

◯ Nur das UNISJORE hüpfte und tanzte nicht.
◯ Das UNISJORE wollte sich jedoch nicht trösten lassen.
◯ Sie irrten zwischen Wörtern umher, die mit sich zufrieden waren. ☐ /1

12 Wer hat die Geschichte geschrieben?

____________________ ☐ /1

Von 23 Punkten hast du ______ erreicht.

5. Erzähltext

Max geht fort

Diesmal ist Max wirklich böse. So böse wie noch nie. Das hätte sich Ella vorher überlegen sollen. Ihn beschuldigen, dass er ihr Smartphone genommen hat. Was soll er denn damit. Er kennt ja nicht einmal ihre PIN.

Aber Papa und Mama glauben ihr. Wie immer. Da kann er seine Unschuld beteuern so oft und so lange er will. Papa, Mama und seine Schwester halten zusammen, und er muss sehen, wo er bleibt. Nicht zum ersten Mal.

Jetzt reicht es ihm. Max macht sich fertig. Er braucht feste Schuhe, seine Regenjacke und einen Rucksack für Proviant. Er weiß selbst nicht, wann er wieder zurückkommt. Das kann lange dauern.

„Max, wo willst du hin so spät am Nachmittag?“, fragt Mama besorgt.

„Ich muss eine Weile raus hier“, sagt er und sieht ziemlich verzweifelt aus.

„Und wohin gehst du, Max? Du kommst doch bald zurück?“ Mama nimmt ihn liebevoll an den Händen. Sie möchte noch etwas sagen, da klingelt das Telefon.

Max ist wütend. Er geht jetzt in den Wald. Tief hinein, wo es am dunkelsten ist. Gewiss wird er sich verlaufen und nicht mehr nach Hause finden. Wenn er nicht schon vorher von einem Wolf gefressen wird, oder er begegnet einem Bären, der sowieso einen Bärenhunger hat. Gewiss hat Ella ihr Smartphone wieder einmal verlegt. Mama wird es wahrscheinlich bald gefunden haben und sagen: „Ach, der arme Max! Jetzt haben wir ihn zu Unrecht verdächtigt. Er wird hoffentlich bald zurückkommen, und dann muss Ella sich bei ihm entschuldigen.“

Nein, er wird nicht so bald zurückkommen und auf Ellas Entschuldigung kann er verzichten. Soll sie sich doch in Zukunft genau überlegen, ob sie ihn wieder einmal verdächtigt. Falls das überhaupt nötig sein wird. Wer weiß, ob er überhaupt noch einmal zurückkommt.

Jetzt hat er den Wald erreicht. Mit großen Schritten geht er geradeaus hinein. Nun wird Papa nach Hause kommen und fragen: „Wo ist denn unser Max?“ Und Mama wird schon ein wenig beunruhigt sein und sagen: „Wenn ich das nur wüsste!“

Max merkt, dass er hungrig ist. Er setzt sich auf den Waldboden und holt eine Brezel heraus. Ach, er hat ja nichts zu trinken mitgenommen. Das macht aber nichts. Mama, Papa und Ella werden ihn schon eines Tages finden: verdurstet. Da werden sie weinen und weinen und weinen. „Der arme Max, wie muss er gelitten haben!“

Als Max seinen Hunger gestillt hat, ist es dunkler geworden. Die großen Tannen umzingeln ihn wie unheimliche Riesen. Über den Wipfeln ist das Blau des Himmels einem fahlen Grau gewichen. Wenn Papa und Mama ihn hier sehen könnten, wie er mutterseelenallein im tiefen Wald herumirrt!

Hat sich da nicht etwas bewegt, dort, hinter dem mächtigen Stamm? Max fasst an sein Herz, das plötzlich viel schneller schlägt. Ob das ein Wolf ist, der sein Revier nicht mit einem Eindringling teilen möchte? Max läuft ein paar Schritte weg und stolpert über einen Ast. Woher ist er eigentlich gekommen? Vielleicht hätte er nahe dem Waldrand bleiben sollen und dort warten, bis Mama und Papa ihn suchen. Aber jetzt ist es zu spät. Max setzt sich auf den Boden und ein paar Tränen laufen über seine Wangen. Gut, dass sie es zu Hause nicht sehen können. Sie würden sagen: „Du wärst besser zu Hause geblieben, Max."

Sicher sitzen sie jetzt gemütlich beim Abendbrot und haben keine Ahnung, wie er hier darauf warten muss, bis ein hungriger Bär kommt.

War da nicht ein Rufen in der Ferne? Sicher nur eine riesige Eule, die ihm die Augen auskratzen möchte. Da! Schon wieder! Wenn das doch nur seine Eltern wären ...

Es dauert eine Weile, und die Rufe kommen näher und näher und plötzlich erkennt Max die Stimmen von Mama, Papa und Ella.

Sein Herz pocht kräftiger – aber er antwortet nicht. Noch nicht. Sollen sie doch Angst um ihn haben. Aber im Grunde seines Herzens ist er sehr erleichtert.

„Max! Max! Wo bist du? Kannst du uns hören? So antworte doch!" Plötzlich sind die Stimmen ganz nahe und der helle Strahl einer Taschenlampe blendet ihn.

„O Max! Da bist du ja. Was haben wir uns Sorgen um dich gemacht." „Das glaube ich nicht. Ihr drei könnt doch ganz gut ohne mich leben." „Aber überhaupt nicht, Max, wo wir dich so liebhaben!", sagt Papa. Und Ella fügt noch hinzu: „Das stimmt wirklich!" Und etwas kleinlaut sagt sie: „Mein Smartphone steckte noch in der Kapuzenjacke, die ich gestern anhatte. Es tut mir leid!" Jetzt gibt es kein Halten mehr, und Max liegt seinen Eltern in den Armen. Die Tränen fließen über sein Gesicht und sind nicht mehr zu stoppen.

1 Welche Antwort ist jeweils richtig? Kreuze an.

Ella findet ihr Smartphone nicht mehr, weil ...

- ◯ sie es auf dem Weg zur Schule verloren hat.
- ◯ Max es genommen hat.
- ◯ es noch in ihrer Jacke steckte, die sie am Tag vorher getragen hat.

Max läuft weg, weil ...

- ◯ er ein Abenteuer erleben will.
- ◯ er sich zu Unrecht beschuldigt fühlt.
- ◯ er zu seinem Papa laufen möchte.

Mama hält Max nicht zurück, weil ...

- ◯ sie verstehen kann, dass er wütend ist.
- ◯ sie ihn nicht lieb hat.
- ◯ in dem Moment das Telefon klingelt.

☐ /3

2 Was nimmt Max alles mit? Kreise ein.

Smartphone – Wasser – Rucksack – Gummistiefel – Regenjacke – feste Schuhe – Limonade – Essen

☐ /4

3 Wann geht Max von zu Hause weg?

◯ am Abend ◯ steht nicht im Text ◯ morgens ◯ am Nachmittag

☐ /1

4 Was nimmt Max sich vor? Kreuze alles an, was zutrifft.

◯ Er möchte Ellas Smartphone finden.
◯ Er will tief in den Wald hineingehen.
◯ Er wird nicht so bald zurückkommen.
◯ Er möchte in einer Hütte im Wald übernachten.

☐ /2

5 So steht dieser Satz nicht im Text. Schreibe ihn genauso auf, wie er im Text steht.

Gewiss hat Ella ihr Handy wieder einmal verschlampt.

____

____

☐ /2

6 Wer sagt diese Sätze? Kreuze richtig an.

„Und wohin gehst du, Max? Du kommst doch bald zurück?“
◯ Papa ◯ Mama ◯ Ella ◯ aus dem Text nicht zu beantworten

„Der arme Max, wie muss er gelitten haben.“
◯ Papa ◯ Mama ◯ Ella ◯ Keiner. Max stellt ihn sich nur vor.

„O Max! Da bist du ja. Was haben wir uns Sorgen um dich gemacht!“
◯ Papa ◯ Mama ◯ Ella ◯ aus dem Text nicht zu beantworten

„Aber überhaupt nicht, Max, wo wir dich so liebhaben!“
◯ Papa ◯ Mama ◯ Ella ◯ Keiner. Max stellt ihn sich nur vor.

☐ /4

7 Zwischen den Zeilen 36 und 45 steht eine Frage, an der man erkennt, dass Max die Orientierung verloren hat. Unterstreiche diese Frage grün.

☐ /1

8 Finde im Text Wörter, die dasselbe bedeuten. Gib die Zeilen an.

Riesenhunger ______________________ (Z. ____)

Baumkronen ______________________ (Z. ____)

Backe ______________________ (Z. ____) /3

9 Ergänze die fehlenden Wörter.

Wenn Papa und Mama ihn hier ______________________, wie er

______________________ im tiefen Wald ______________________! /3

10 Mit welchen Adjektiven (Wiewörtern) werden die folgenden Nomen (Namenwörter) im Text genauer beschrieben?

Stamm ______________ Riesen ______________

Eule ______________ Strahl ______________ /4

11 Max läuft ein paar Schritte weg. Wovor fürchtet er sich? Kreuze an.

○ Gespenst ○ Wolf ○ Verbrecher /1

12 Ordne der Reihe nach die Gefühle, die Max in der Geschichte hat. Nummeriere.

☐ Angst ☐ Erleichterung ☐ Wut /1

13 Erkläre, bei wem und wofür sich Ella am Ende der Geschichte entschuldigt?

____

____ /2

14 Tut es Max am Ende leid, dass er weggelaufen ist? Was denkst du? Begründe deine Meinung.

____

____ /2

Von 33 Punkten hast du ______ erreicht.

Fertig? Dann überprüfe noch einmal deine Ergebnisse!

6. Legende

Wie aus Räubern fromme Menschen wurden

Der heilige Franziskus wurde 1182 in Italien in dem Ort Assisi als Sohn eines reichen Tuchhändlers geboren. Er führte ein angenehmes Leben, beteiligte sich an Kriegszügen und wurde von allen Menschen geachtet. Im Krieg erschien ihm im Traum Gott und veranlasste ihn, sein Leben zu ändern. So kam es, dass sich Franziskus im Alter von 20 Jahren entschloss, sein Leben in Armut zu verbringen. Er war 26 Jahre alt, als ihm die ersten Glaubensbrüder auf seinem Weg folgten. Eine Glaubensgemeinschaft entstand, zu deren Regeln es gehörte, kein Eigentum zu besitzen, sondern von eigener Arbeit und Spenden zu leben. Franz von Assisi starb 1226 und bald nach seinem Tod entstanden die ersten Legenden über ihn; sie wurden gesammelt und aufgeschrieben. Hier ist eine von ihnen:

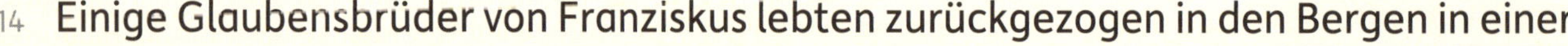

Einige Glaubensbrüder von Franziskus lebten zurückgezogen in den Bergen in einer einfachen Unterkunft mit Namen Montecasale. So einen einsamen Ort, an dem man die Ruhe zum Gebet findet, nennt man Einsiedelei. Doch immer wieder stiegen die frommen Brüder hinab in Dörfer und Städte, um den Armen zu helfen und das Evangelium zu predigen. Dafür erhielten sie Nahrung und was sie sonst zum Leben brauchten.

Leider trieb in den umliegenden Wäldern eine furchtbare Räuberbande ihr Unwesen. Auf ihren Raubzügen stiegen diese Räuber ins Tal hinab und legten sich nahe der Straße auf die Lauer. Kamen ahnungslose Reisende vorbei, stürmten sie aus ihrem Hinterhalt hervor, rissen die Reiter von den Pferden und schnappten sich das Gepäck. Die Bestohlenen mussten froh sein, wenn sie mit dem Leben davonkamen.

In einem strengen Winter war so viel Schnee gefallen, dass die Räuber nicht ins Tal konnten und ihnen die Lebensmittel ausgingen. Deshalb kamen immer wieder hungrige Räuber in die Einsiedelei und baten um ein Stück Brot.

Einige der Brüder sagten: „Geben wir ihnen nichts, sie haben so vielen Menschen Unrecht getan und wir haben selbst nicht viel.“ Andere entgegneten: „Die sind in großer Not, wir dürfen sie nicht einfach wegschicken.“ Deshalb gaben sie ihnen zu essen, dabei vergaßen sie nie, die Räuber zu ermahnen: „Ihr müsst euer Leben ändern und dürft nicht mehr Böses tun.“

Als Franziskus wieder einmal in die Einsiedelei kam, scharten sich die Brüder um ihn und erbaten seinen Rat: „Lieber Franziskus, sag du, ob wir den Räubern Brot geben sollen, wenn sie uns darum bitten.“ Franziskus musste nicht lange überlegen: „Gebt, um was ihr gebeten werdet, dann werdet ihr die Herzen der Räuber gewinnen.“ Und dann erklärte er ihnen genau, was sie zu tun hätten.

Die Brüder gehorchten, holten von ihren Vorräten Brot und Wein und gingen zu jener Stelle im Wald, wo die Räuber sich aufhielten. „Geschätzte Leute, wir sind Franziskus' Glaubensbrüder und haben euch Brot und Wein mitgebracht." Die Räuber staunten nicht wenig, erst recht, als die Brüder ein Tuch auf dem Boden ausbreiteten, während sie lustige Reden führten und sie höflich bedienten. Als alle satt waren, beteten sie und sagten: „Ihr Herren Räuber, wir bitten euch, uns einen Wunsch zu erfüllen. Wenn ihr weiter Reisende überfallt, dann versprecht uns wenigstens, Leib und Leben dieser armen Menschen zu schonen."

Die Räuber waren einverstanden und nickten mit den Köpfen. Am nächsten Tag kamen die Brüder erneut vorbei, und diesmal hatten sie sogar Käse und Eier dabei. Nach dem Essen sprachen sie abermals zu ihnen: „Was führt ihr doch für ein armseliges Leben hier in dieser öden, gottverlassenen Gegend. Würdet ihr den Herrn fürchten und verehren und euer Leben ändern, könntet ihr eines Tages so leben wie wir und nach eurem Tod selig werden." Die Räuber hatten gut zugehört, sagten aber erst einmal nichts.

Als einige Tage vergangen waren, erschienen in der Einsiedelei einige der Räuber und brachten den Brüdern Holz für den nächsten Winter. Danach verging eine längere Zeit, da tauchten nach und nach einzelne Räuber auf und sagten, dass sie von nun an von ehrlicher Arbeit leben wollten. Zwei oder drei baten sogar darum, in die Gemeinschaft der Brüder aufgenommen zu werden. Dieser Wunsch wurde ihnen gewährt, und so waren zuletzt aus furchtbaren Räubern anständige, fromme Glaubensbrüder geworden.

1 Was veranlasste den jungen Franziskus, sein Leben zu ändern?

_______________ /1

2 Wie alt wurde Franz von Assisi?

_______________ /1

3 Schreibe die wichtigsten Regeln der durch Franziskus entstandenen Glaubensgemeinschaft auf.

____

____

_______________ /2

4 **Kreuze an, was zutrifft.**

Eine Legende ist ...

◯ eine frei erfundene Geschichte, die zu keiner bestimmten Zeit und an einem nicht näher genannten Ort spielt.
◯ eine erfundene religiöse Erzählung aus dem Leben eines Heiligen, der zu einer bestimmten Zeit an einem bestimmten Ort gelebt hat.
◯ eine oft fantastische Geschichte von einem Menschen, der manches Abenteuer zu bestehen hat.

☐ /1

5 **Was ist eine Einsiedelei?**

☐ /1

6 **Wie heißt die Einsiedelei in dieser Legende und wo liegt sie?**

☐ /2

7 **Aus welchem Grund stiegen die Brüder immer wieder ins Tal hinab?**

☐ /2

8 **In diese Sätze haben sich andere Ausdrücke als im Text eingeschlichen. Vergleiche genau und unterstreiche die Fehler.**

Leider trieb in den benachbarten Wäldern eine schreckliche Räuberbande ihr Unwesen. Auf ihren Beutezügen stiegen diese Banditen ins Tal hinab und legten sich nahe der Straße in die Büsche.

☐ /3

9 **Umrahme im Text den Abschnitt grün, zu dem dieses Bild passt.**

☐ /1

10 **Wie kamen die Räuber in strengen Wintern ins Tal hinab?**

☐ /1

11 **Mit welchen Nahrungsmitteln und Getränken wurden die Räuber bewirtet?**

____ /2

12 **In welchen Zeilen stehen diese beiden Sätze?**

Und dann erklärte er ihnen genau, was sie zu tun hätten. Z. ______

Die Räuber hatten gut zugehört, sagten aber erst einmal nichts. Z. ______ /2

13 **Welchen Wunsch sollten die Räuber den Brüdern erfüllen?**

____

____ /1

14 **Welche Frage wird im Text nicht beantwortet? Kreuze an.**

- ◯ Wo trieb eine Räuberbande ihr Unwesen?
- ◯ Die Brüder brachten Brot und Wein. Wann kamen sie wieder?
- ◯ Arbeitete Franziskus als Tuchhändler wie sein Vater? /1

15 **Streiche alle falschen Aussagen durch. Lies ganz genau im Text nach.**

Die Räuber überfielen ahnungslose Reisende.

Hungrige Räuber baten die Brüder um Brot.

Die Brüder ermahnten die Räuber nie, ihr Leben zu ändern.

Alle Räuber änderten sofort ihr Leben.

Die Räuber wurden von den Brüdern höflich bedient.

Die Räuber brachten den Brüdern Holz und Kohle für den Winter. /3

16 **Warum entschieden sich deiner Meinung nach einige Räuber dazu, der Glaubensgemeinschaft von Franziskus beizutreten?**

____

____

____ /1

Von 25 Punkten hast du ______ erreicht.

7. Märchen

Die Bienenkönigin

Zwei Königssöhne gingen einmal auf Abenteuer und gerieten in ein wildes, wüstes Leben, sodass sie gar nicht wieder nach Haus kamen. Der jüngste, welcher der Dummling hieß, machte sich auf und suchte seine Brüder. Aber wie er sie endlich fand, verspotteten sie ihn, dass er mit seiner Einfalt sich durch die Welt schlagen wollte, und sie zwei könnten nicht durchkommen und wären doch viel klüger.

Sie zogen alle drei miteinander fort und kamen an einen Ameisenhaufen. Die zwei Ältesten wollten ihn aufwühlen und sehen, wie die kleinen Ameisen in der Angst herumkröchen und ihre Eier forttrügen, aber der Dummling sagte: „Lasst die Tiere in Frieden, ich will nicht, dass ihr sie stört."

Da gingen sie weiter und kamen an einen See, auf dem schwammen viele, viele Enten. Die zwei Brüder wollten ein paar fangen und braten, aber der Dummling ließ es nicht zu und sprach: „Lasst die Tiere in Frieden, ich will nicht, dass ihr sie tötet."

Endlich kamen sie an ein Bienennest, darin war so viel Honig, dass er am Stamm herunterlief. Die zwei wollten Feuer unter den Baum legen und die Bienen ersticken, damit sie den Honig wegnehmen könnten. Der Dummling hielt sie aber wieder ab und sprach: „Lasst die Tiere in Frieden, ich will nicht, dass ihr sie verbrennt."

Endlich kamen die drei Brüder in ein Schloss, wo in den Ställen lauter steinerne Pferde standen, auch war kein Mensch zu sehen, und sie gingen durch alle Ställe, bis sie vor eine Tür ganz am Ende kamen, davor hingen drei Schlösser; es war aber mitten in der Türe ein Lädlein, dadurch konnte man in die Stube sehen. Da sahen sie ein graues Männchen, das an einem Tisch saß. Sie riefen es an, einmal, zweimal, aber es hörte nicht; endlich riefen sie zum dritten Mal, da stand es auf, öffnete die Schlösser und kam heraus. Es sprach aber kein Wort, sondern führte sie zu einem reichbesetzten Tisch; und als sie gegessen und getrunken hatten, brachte es einen jeglichen in sein eigenes Schlafgemach.

Am andern Morgen kam das graue Männchen zu dem Ältesten, winkte und leitete ihn zu einer steinernen Tafel, darauf standen drei Aufgaben geschrieben, wodurch das Schloss erlöst werden könnte. Die erste war: In dem Wald unter dem Moos lagen die Perlen der Königstochter, tausend an der Zahl; die mussten aufgesucht werden, und wenn vor Sonnenuntergang noch eine einzige fehlte, so ward der, welcher gesucht hatte, zu Stein. Der Älteste ging hin und suchte den ganzen Tag, als aber der Tag zu Ende war, hatte er erst hundert gefunden; es geschah, wie auf der Tafel stand, er ward in Stein verwandelt.

Am folgenden Tag unternahm der zweite Bruder das Abenteuer, es ging ihm aber nicht viel besser als dem ältesten, er fand nicht mehr als zweihundert Perlen und ward zu Stein.

Endlich kam die Reihe auch an den Dummling, der suchte im Moos, es war aber so schwer, die Perlen zu finden, und ging so langsam. Da setzte er sich auf einen Stein und weinte. Und wie er so saß, kam der Ameisenkönig, dem er einmal das Leben erhalten hatte, mit fünftausend Ameisen, und es währte gar nicht lange, so hatten die kleinen Tiere die Perlen miteinander gefunden und auf einen Haufen getragen.

Die zweite Aufgabe aber war, den Schlüssel zu der Schlafkammer der Königstöchter aus dem See zu holen. Wie der Dummling zum See kam, schwammen die Enten, die er einmal gerettet hatte, heran, tauchten unter und holten den Schlüssel aus der Tiefe.

Die dritte Aufgabe aber war die schwerste, aus den drei schlafenden Töchtern des Königs sollte die jüngste und die liebste herausgesucht werden. Sie glichen sich aber vollkommen und waren durch nichts verschieden, als dass sie, bevor sie eingeschlafen waren, verschiedene Süßigkeiten gegessen hatten, die älteste ein Stück Zucker, die zweite ein wenig Sirup, die jüngste einen Löffel Honig. Da kam die Bienenkönigin von den Bienen, die der Dummling vor dem Feuer geschützt hatte, und versuchte den Mund von allen dreien, zuletzt blieb sie auf dem Mund sitzen, der Honig gegessen hatte, und so erkannte der Dummling die richtige Tochter.

Da war der Zauber vorbei, alles war aus dem Schlaf erlöst, und wer von Stein war, erhielt seine menschliche Gestalt wieder. Und der Dummling vermählte sich mit der jüngsten und liebsten Tochter und ward König nach ihres Vaters Tod; seine zwei Brüder aber heirateten die beiden anderen Schwestern.

(Erzählt nach den Gebrüdern Grimm)

1 Aus welchem Grund zieht der jüngste Bruder am Anfang des Märchens von zu Hause los?

/1

2 Wie reagieren die älteren Brüder, als der Dummling sie findet?

/1

3 Welche Begriffe passen zu den Brüdern? Male Wörter, die zu den beiden älteren Brüdern passen blau an. Male Wörter, die den jüngsten Bruder, den Dummling, beschreiben grün an.

mitfühlend | hilfsbereit | gemein | freundlich | bösartig | spöttisch

/3

4 Im Märchen sagt der Jüngste dreimal fast den selben Satz, nur das letzte Wort ist jeweils anders. Schreibe zu jedem Wort den richtigen Tiernamen.

„Lasst die Tiere in Frieden, ich will nicht, dass ihr sie tötet.“ ____________

„Lasst die Tiere in Frieden, ich will nicht, dass ihr sie stört.“ ____________

„Lasst die Tiere in Frieden, ich will nicht, dass ihr sie verbrennt.“ ____________ ☐ /3

5 Im Abschnitt Zeilen 18-26 kommt dreimal die Zahl drei vor. In welchem Zusammenhang? Schreibe auf.

____

____

____ ☐ /3

6 Bei welcher Aufgabe helfen die Enten dem Dummling? Beantworte genau.

____

____

____ ☐ /1

7 Kreuze jeweils die richtige Antwort an.

Die Aufgaben auf der steinernen Tafel sollen gelöst werden, damit ...

- ◯ der Dummling König wird.
- ◯ das verzauberte Schloss und seine Bewohner erlöst werden.
- ◯ jede Königstochter einen Mann bekommt.

Der älteste Bruder findet ...

- ◯ über zweihundert Perlen.
- ◯ genau hundert Perlen.
- ◯ nicht mehr als zweihundert Perlen.

Die älteste Königstochter hat vor dem Schlafen ...

- ◯ ein wenig Sirup gegessen.
- ◯ einen Löffel Zucker gegessen.
- ◯ ein Stück Zucker gegessen.

☐ /3

8 Unterstreiche im Text grün, wer dem Dummling hilft, die Perlen zu suchen. ☐ /1

9 **Woher weiß der Dummling, welches die jüngste Tochter ist?**

/2

10 **Schreibe den folgenden Satz so auf, wie er im Text steht.**

Die dritte Aufgabe aber war die leichteste, aus den drei schnarchenden Töchtern des Königs sollte die dümmste und die liebste herausgesucht werden.

/3

11 **Für das Verb wurde, wird in dem Märchen oft eine andere, altertümliche Form verwendet. Findest du diese? Schreibe auf.**

/1

12 **Wieso werden die Brüder zu Stein? Und was passiert am Ende des Märchens mit ihnen?**

/2

13 **Der Dummling wird nicht in Stein verwandelt. Er heiratet die jüngste Königstochter und wird sogar König. Findest du das gerecht? Begründe deine Antwort.**

/2

Von 26 Punkten hast du ______ erreicht.

8. Romanausschnitt

Diese Holzpuppe kennt jedes Kind

Der Tischlermeister Antonio wurde wegen seiner roten Nase von allen nur „Meister Kirsche“ genannt. Als er einmal ein Stück Holz mit dem Beil für ein Tischbein bearbeitete, hörte er ein feines Stimmchen, das ihn anflehte: „Tu mir nicht weh!“ Der Meister erschrak zutiefst, bis er merkte, dass das Holzstück zu ihm gesprochen hatte. Am nächsten Tag schenkte er das geheimnisvolle Stück seinem armen Freund Geppetto, denn der wollte sich schon lange einen Hampelmann schnitzen; einen Hampelmann, der tanzen und fechten konnte. Darauf freute er sich: „Mit ihm werde ich umherziehen und mir mein Brot verdienen.“ Als der Hampelmann fertig war, nannte er ihn Pinocchio – und jetzt erinnerst du dich sicher an die vielen Geschichten, die von diesem Schlingel und Taugenichts erzählt werden.

Eine handelt davon, wie Pinocchio endlich bereit ist, in die Schule zu gehen, um auch etwas zu lernen. Für ein Abc-Buch, das er dazu brauchte, verkaufte der gute Geppetto seine einzige Jacke. Auf dem Weg zur Schule malte sich Pinocchio aus, wie er es mit Fleiß zu etwas bringen und dem lieben Geppetto eine wertvolle neue Jacke kaufen würde. Da hörte er plötzlich in der Ferne Pfeifenbläser und Trommelschläger:

„Pi-pi-pi, tam-tam-tam.“

Er lauschte: „Was ist das nur für eine Musik? Zu dumm, dass ich auf dem Weg zur Schule bin.“ Was sollte er tun: Schule oder Pfeifenbläser? Pinocchio entschied sich für die Pfeifenbläser. Denn so dachte er: „Zur Schule kann ich auch morgen gehen!“

So kam er zu einem großen Platz, auf dem viele Menschen herumstanden.

„Was ist denn hier los?“, fragte er einen Mann.

Dieser antwortete: „Für zwanzig Pfennig darf man bei einem Holzpuppentheater zusehen.“

Pech nur, dass Pinocchio keinen Pfennig in der Tasche hatte. So musste er wohl oder übel das Abc-Buch verkaufen. „Für zwanzig Pfennig nehme ich es“, sagte ein Händler und freute sich über das gute Geschäft.

Als Pinocchio in das Puppentheater kam, hatte die Komödie schon begonnen. Harlekin und Hanswurst waren in Streit geraten, und die Zuschauer lachten wie verrückt. Doch plötzlich drehte sich der Harlekin zum Publikum und schrie: „Ihr Sterne am Himmelszelt! Träum ich oder wach ich? Der dort unten – ist das nicht Pinocchio?“

„Tatsächlich, das ist Pinocchio!“, riefen alle Holzpuppen und unterbrachen das Spiel. Sie holten Pinocchio auf die Bühne und umarmten ihn ohne Ende. Weil aber die Vorstellung so lange unterbrochen wurde, ärgerten sich die Zuschauer und begannen zu schreien.

Da tauchte der Besitzer auf. Der sah so hässlich aus, dass man Angst bekam, wenn man ihn nur ansah: Brennende Augen, ein Mund wie ein Ofenloch und ein tiefschwarzer Bart, der bis zur Erde reichte.

Alle verstummten, und keiner traute sich mehr zu atmen. Mit seiner Menschenfresserstimme fragte er den Pinocchio: „Warum hast du die Vorstellung unterbrochen?“

„Glauben Sie mir, hoher Herr, ich bin nicht schuld daran“, beteuerte Pinocchio.

„Schon gut. Heute Abend werden wir abrechnen.“

Als es so weit war, wollte sich der Besitzer, er hieß Feuerfresser, in der Küche einen Braten zubereiten. Das Feuer drohte zu erlöschen, deshalb rief er den Harlekin: „Hol mir den Pinocchio dort vom Nagel, der wird ein gutes Feuer für meinen Braten machen.“ Voller Angst vor dem Feuerfresser brachte der Harlekin den verzweifelt zappelnden Pinocchio, der immerfort schrie: „Ich will nicht sterben, ich will nicht sterben!“

Obwohl er so schrecklich aussah, war der Feuerfresser im Grunde nicht schlecht. Und dass der arme Pinocchio um sein Leben bettelte, rührte ihn. Plötzlich fing er an zu niesen. Der Harlekin aber flüsterte Pinocchio ins Ohr: „Das ist ein gutes Zeichen, Bruder. Wenn er niest, hat er Mitleid mit dir. Du bist gerettet.“

Endlich war der Feuerfresser mit dem Niesen fertig und schrie Pinocchio an: „Hör mit der Heulerei auf und … hatschi! Hatschi!“

„Gesundheit!“, rief Pinocchio.

Aber auch wenn der Feuerfresser Mitleid mit Pinocchio hatte, so hatte er nun mal kein Holz mehr. Deshalb sollte ein anderer Hampelmann für Pinocchio ins Feuer.

„Bring mir den Harlekin.“ Der erschrak zu Tode.

Da warf sich Pinocchio dem Feuerfresser vor die Füße und flehte um Gnade.

Aber der Feuerfresser blieb hart: „Er muss jetzt für dich ins Feuer.“

Pinocchio richtete sich stolz auf und sagte: „Dann nehmt mich und werft mich in die Flammen. Es wäre ungerecht, wenn mein bester Freund für mich sterben müsste.“ Alles umsonst. Der Feuerfresser blieb kalt und hart wie ein Stück Eis.

Doch auf einmal fing er wieder an zu niesen. Fünfmal hintereinander.

Und dann? Dann schloss er Pinocchio in die Arme und sagte sanft: „Du bist doch ein braver Junge. Gib mir jetzt einen Kuss.“

Pinocchio krabbelte an seinem Bart hoch und gab ihm einen Kuss auf die Nasenspitze. Der Harlekin war begnadigt. Da rannten alle Holzpuppen auf die Bühne, zündeten die Lichter an und sprangen und tanzten bis in die Morgenstunden.

(Erzählt nach Carlo Collodi)

1 **Warum wurde der Tischler Antonio „Meister Kirsche" genannt?**

/1

2 **Wer gab der Holzpuppe den Namen Pinocchio? Und was wollte er mit ihr machen?**

/2

3 **Welche Überschrift passt am besten zu dieser Geschichte? Kreuze an.**

◯ Pinocchios erster Schultag
◯ Pinocchio besucht eine Vorstellung im Puppentheater
◯ Pinocchios aufregendes Abenteuer mit dem Feuerfresser

/1

4 **Wie kam Pinocchio zu dem Geld für sein Abc-Buch?**

/1

5 **Wie wurde Pinocchio auf das Puppentheater aufmerksam?**

/1

6 **Welchen Satz sagt jemand genauso im Text? Kreuze an.**

◯ „Für dreißig Pfennig darf man bei einem Holzpuppentheater zusehen."
◯ „Zum Theater kann ich auch morgen gehen!"
◯ „Für zwanzig Pfennig nehme ich es."

/1

7 **Was ist eine Komödie? Kreuze an.**

◯ ein Holzschränkchen ◯ ein lustiges Theaterstück ◯ ein nettes Kinderbuch

/1

8 **Im Text wird genau das Aussehen des Feuerfressers beschrieben. Unterstreiche diesen Satz grün.**

/1

9 **Warum wollte der Feuerfresser Pinocchio bestrafen?**

/2

294

Lesetests in Deutsch

Lernzielkontrollen 4. Klasse

Lösungen

Dieser Lösungsteil ist herausnehmbar!
Klammern in der Mitte des Heftes öffnen!

1. Erzähltext: Als Till Eulenspiegel Turmbläser war

1 Ziehe dir einen 1/2 P ab, wenn du nicht vollständig geantwortet hast. Vergleiche die fettgedruckten Wörter.

Die Geschichte spielt auf **der Burg des Grafen von Anhalt**.

2

Er beherbergte gerade ~~einige~~ **viele** Ritter, die ihm helfen sollten, ihn und seine ~~Familie~~ **Bauern im Umland** vor den Überfällen der ~~Räuber~~ **Raubritter** zu schützen.

3 Er soll die **Ritter** mit seinem Horn vom **Turm** herab **warnen**, sobald sich **Räuber blicken** lassen.

4

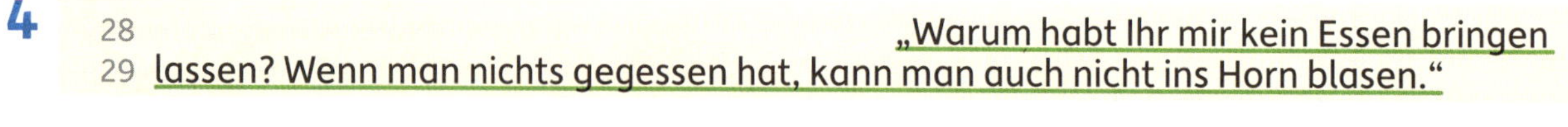
„Warum habt Ihr mir kein Essen bringen lassen? Wenn man nichts gegessen hat, kann man auch nicht ins Horn blasen."

5

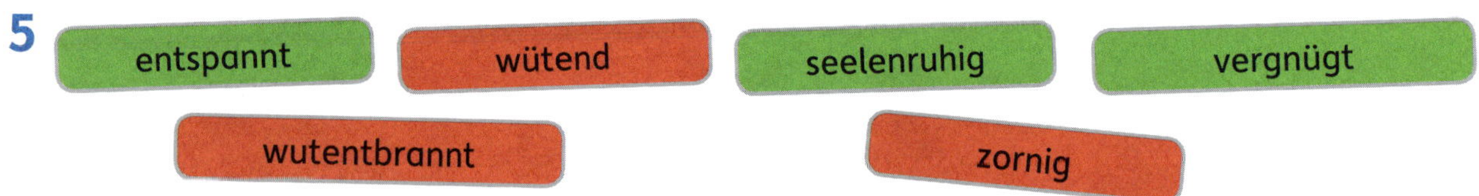

6 Der Graf erfährt es von einem **Bauern**, der auf die **Burg rennt**, um zu **berichten**, was geschehen ist.

7 Z. **23-24**

- ◯ Die Räuber sind über ein Gebirge geflohen.
- ☒ **Die Räuber sind nicht mehr einzuholen.**
- ◯ Die Räuber müssen alle Berge auf ihrer Flucht überqueren.

8 Hast du vollständig geantwortet? Ziehe dir ansonsten 1 P ab.

Eulenspiegel will sich am Grafen und den Rittern **rächen**, weil sie wieder **vergessen** haben, ihm etwas zu essen zu bringen. Er bläst ins Horn, **damit die Ritter davonreiten** und er sich **selbst sein Essen holen** kann.

9 Sie schlachteten einige der **Tiere, die sie zuvor von den Räubern zurückerobert hatten**.

10

„Einen Turmbläser, der genau das Gegenteil von dem macht, was vereinbart wurde, kann ich nicht gebrauchen."

11 Für jede richtig angekreuzte bzw. nicht angekreuzte Antwort gibt es einen 1/2 P.

Eulenspiegel muss mit den Rittern in den Kampf ziehen, weil ...

- ☒ **der Graf ihn damit bestrafen will.**
- ◯ er sich somit sein Essen verdienen muss.
- ☒ **er als Turmbläser versagt hat.**
- ◯ der Graf einen zusätzlichen Ritter braucht.

Der Graf jagt Till Eulenspiegel davon, weil ...

- ☒ **dieser seine Arbeit nicht ordentlich macht.**
- ◯ er ihm nichts zu essen geben möchte.
- ◯ er keinen Platz mehr in der Burg hat.
- ☒ **er sich über ihn nur ärgern muss.**

12 <u>„auf dem Turm habe ich lange hungern müssen. Das hat meine Gesundheit angegriffen. Jetzt muss ich mich schonen und gut essen, damit ich endlich wieder zu Kräften komme.“</u>

13 Natürlich kannst du auch anderer Meinung sein. Allerdings solltest du deine Meinung gut und sinnvoll begründet haben, um die volle Punktzahl zu bekommen.

Nein, Till wollte den Grafen **absichtlich** dazu bringen, ihn fortzujagen. Am letzten Satz der Geschichte sieht man, **dass es Till nur recht ist**, nicht mehr für den Grafen kämpfen zu müssen. Wahrscheinlich ist er einfach **nur zu faul und eigensinnig**, um richtig arbeiten zu wollen. Jetzt kann Eulenspiegel **wieder das tun, was er will**.

Punkte	**23-22**	**21,5-19,5**	**19-15,5**	**15-11,5**	**11-5,5**	**5-0**
Note	**1**	**2**	**3**	**4**	**5**	**6**

2. Erzähltext: Meine kleine Fußballgeschichte

1 Für jede richtig angekreuzte bzw. nicht angekreuzte Antwort gibt es einen 1/2 P.

☒ **Er will so beliebt sein wie Moritz.**
○ Er möchte etwas für seine Gesundheit tun.
☒ **Er will einfach dazugehören.**
○ Er kann gut Fußball spielen.

2 Manchmal spielt Moritz dem Erzähler den Ball zu, doch der hat Angst, dass er
- den Ball **nicht gut annehmen kann**.
- den Ball schnell **wieder verliert**.
- nicht weiß, **wem er ihn zuspielen soll**.

3 Für jedes richtig angemalte bzw. nicht angemalte Adjektiv gibt es einen 1/2 P.

4 Der Erzähler gehört zum **Fußballverein der E-Junioren von der Nordstadt**.

5 ○ Herbst ☒ Sommer und Herbst ○ Sommer

6 Kurz vor **Spielende** fliegt **ein hoher Ball** in den Strafraum des Erzählers. Er möchte ihn verteidigen und stoppen, streift ihn aber nur mit der **Schulter**. Dadurch wird der Ball für den Torwart **unhaltbar abgelenkt**. Der Erzähler hat somit ein **Eigentor** verursacht.

7 ○ 2:3 ○ 2:1 ☒ **2:2** ○ 3:3

8 Seine Mitspieler, allen voran der Torwart geben dem **Erzähler** allein die **Schuld** an dem **Eigentor** und **würdigen ihn keines Blickes** mehr.

9 Moritz **tröstet** den Erzähler, weil dieses Missgeschick jedem passieren kann. Außerdem **verspricht** er ihm, regelmäßig **mit ihm zu trainieren**.

10 Für jeden richtigen Begriff erhältst du einen 1/2 P.

Moritz trainiert mit dem Erzähler **Pass- und Schusstechniken**, richtige **Ballführung**, wie man **dribbelt** und **Tore schießt**.

11
- **5** Die Scheinwerfer tauchten den Platz in ein geheimnisvolles Licht.
- **3** Und die von der Südstadt jubelten.
- **6** Neben mir hatte sich ein Knäuel von Spielern gebildet ...
- **2** Das Wetter war schön, ein warmer Junitag, nicht zu heiß ...
- **4** Doch ich hatte das Gefühl, dass ich besser wurde.
- **1** Deshalb werde ich meistens ausgewechselt.

12 Zeilen: **57-58**
Gemeint ist: Weil der Ball direkt vor den Füßen des Erzählers liegen bleibt, **ist es für ihn nicht mehr schwierig, diesen ins Tor zu schießen**.

13
- ☒ **Übung macht den Meister**
- ○ Was man nicht im Kopf hat, hat man in den Beinen
- ☒ **Ende gut, alles gut**
- ○ Ein Unglück kommt selten allein

Für jedes richtig angekreuzte bzw. nicht angekreuzte Sprichwort gibt es einen 1/2 P.

14 Vergleiche, ob du sinnvoll begründet hast.

Moritz, den der Erzähler schon immer **bewundert**, **tröstet** ihn, als er **verzweifelt** ist und sich **alleingelassen** fühlt. Er **hilft ihm**, beim Fußballspielen besser zu werden. So werden sie **Freunde**.

Punkte	**27-25,5**	**25-23**	**22,5-18**	**17,5-13,5**	**13-6**	**5,5-0**
Note	**1**	**2**	**3**	**4**	**5**	**6**

3. Fabel: Zeus und das Schaf

1 Er wird auch als **Himmelsgott** bezeichnet.

2 **Das Schaf sucht Zeus auf, ...**
- ○ weil es vor seinen Feinden zu ihm flieht.
- ○ weil es sich über die bösen Tiere beschweren möchte.
- ☒ **weil es ihn um Hilfe bitten will.**

Zeus möchte dem Schaf helfen, ...
- ○ indem er dessen Lämmlein versteckt.
- ☒ **indem er ihm eine Waffe zur Verteidigung gibt.**
- ○ indem er ihm zeigt, dass es gut ist.

3 Das Schaf geht an einem **Sonntag** zu Zeus. (Zeile 7)

4 Für jedes richtig angekreuzte bzw. nicht angekreuzte Tier gibt es einen 1/2 P.

○ Luchs ☒ **Wolf** ☒ **Adler** ○ Skorpion ☒ **Bär** ○ Bock

5 Vielleicht willst du, dass ich dein Gebiss mit scharfen Fang- und Reißzähnen ausrüste und deine Füße mit spitzen Krallen bewaffne?

6 | 3 | Hörner | 1 | Zähne und Krallen | 2 | Giftwerkzeuge

7

„O nein, gütiger Vater, ich möchte nicht so werden wie die wilden, mörderischen Raubtiere.“

„Bitte nicht, gnädiger Herrscher, die Giftnattern werden ja überall gehasst.“

„mit meinem Gehörn könnte ich so streitsüchtig oder gewalttätig werden wie ein Bock.“

8 Das Schaf bekommt **keine Waffe**.

9
- [ ] Das Schaf trat bei dieser Vorstellung einen Schritt zurück.
- [ ] Das Schaf trat bei diesem Gedanken einen Schritt zurück.
- [ ] Das Schaf wich bei diesem Gedanken einen Schritt zurück.
- [x] **Das Schaf wich bei dieser Vorstellung einen Schritt zurück.**

10

liebevoller Vater	**gütiger**	Vater
sanftmütiges Raubtier	**mörderisches**	Raubtier
gütiger Blick	**liebevoller**	Blick
mörderisches Geschöpf	**sanftmütiges**	Geschöpf

11
- [ ] Das Schaf erfährt viel Leid durch andere Tiere.
- [x] **Das Schaf will lieber Unrecht erleiden als Unrecht tun.**
- [ ] Zeus mag dieses friedfertige Tier.

12 Dieser Text ist eine Fabel, weil **das Schaf als Tier wie ein Mensch handeln und sprechen kann**.

13 **Nein, weil es die Natur so vorsieht.** In der Natur ist es auch so, dass Wölfe nur so viele Tiere töten, wie sie brauchen, um ihren Hunger zu stillen. Außerdem töten sie oft kranke Tiere und helfen so, die Natur im Gleichgewicht zu halten.

(Vergleiche hierzu das Interview zum Thema Wolf auf den Seiten 56-57)

Punkte	**21-20**	**19,5-18**	**17,5-14**	**13,5-10,5**	**10-5**	**4,5-0**
Note	**1**	**2**	**3**	**4**	**5**	**6**

4. Erzähltext: Vier Wörter

1
- [ ] dass niemand sie verstand
- [x] **dass sie sich selbst nicht verstanden**

2 Z. **4**
- [x] **sich überflüssig vorkommen**
- [ ] sich bei der Wahl des Platzes geirrt haben
- [x] **sich nicht zugehörig fühlen**
- [ ] den richtigen Platz verfehlen

Für jede richtig angekreuzte bzw. nicht angekreuzte Antwort gibt es einen 1/2 P.

3

hoffnungslos	**verzweifelt (melancholisch)**
miteinander	**gemeinsam**
glücklich	**zufrieden**

4 Nachdem die vier Wörter jedes andere Wort um Beistand gebeten hatten, ohne auch nur einen einzigen vernünftigen Rat (von Hilfe ganz zu schweigen) erhalten zu haben, beschlossen sie, gemeinsam auszuwandern, irgendwohin, wo vielleicht doch jemand zu finden war, der etwas mit ihnen anfangen konnte.

5 

UNISJORE
JUNIROSE

6 Die Wörter waren **rückwärts aufgeschrieben**. Nun sahen sie zum ersten Mal **im Spiegel die richtige Schreibweise ihrer Namen**.

7 **Das UNISJORE löste sich in seine Bestandteile auf, weil ...**
- ○ es seinen wirklichen Namen suchte.
- ☒ **es sich verzweifelt seine Buchstaben raufte.**
- ○ es ein Nichtsnutz von hinten aufgeschrieben hatte statt von vorn.

8 Sie sagten es klänge wunderbar, von vorne wie von hinten. Z. **28/29**
Und im Spiegel konnte man sehen, warum die drei Wörter so froh waren. Z. **17/18**
Ans Auswandern dachte keines der vier Wörter mehr. Z. **41/42**

9 an einem Spiegel (Zeile 14)
EROJSINU (Zeile 26)
... es sei etwas ganz Besonderes, nichts zu bedeuten und barer Unsinn zu sein. (Zeilen 30-31)

10 Als sie **versuchten**, das in seine einzelnen Buchstaben **zerfallene UNISJORE** wieder **richtig zusammenzusetzen**, kamen sie **zufällig** auf den schönen Namen **JUNIROSE**.

11
- ○ Nur das UNISJORE hüpfte und tanzte nicht.
- ☒ **Das UNISJORE wollte sich jedoch nicht trösten lassen**.
- ○ Sie irrten zwischen Wörtern umher, die mit sich zufrieden waren.

12 Die Geschichte wurde von **Käthe Recheis** geschrieben.

Punkte	**23-22**	**21,5-19,5**	**19-15,5**	**15-11,5**	**11-5,5**	**5-0**
Note	**1**	**2**	**3**	**4**	**5**	**6**

5. Erzähltext: Max geht fort

1 **Ella findet ihr Smartphone nicht mehr, weil …**
- ◯ sie es auf dem Weg zur Schule verloren hat.
- ◯ Max es genommen hat.
- ☒ **es noch in ihrer Jacke steckte, die sie am Tag vorher getragen hat.**

Max läuft weg, weil …
- ◯ er ein Abenteuer erleben will.
- ☒ **er sich zu Unrecht beschuldigt fühlt.**
- ◯ er zu seinem Papa laufen möchte.

Mama hält Max nicht zurück, weil …
- ◯ sie verstehen kann, dass er wütend ist.
- ◯ sie ihn nicht lieb hat.
- ☒ **in dem Moment das Telefon klingelt.**

2 Für jedes richtig eingekreiste bzw. nicht eingekreiste Wort gibt es einen 1/2 P.

Smartphone – Wasser – (Rucksack) – Gummistiefel –
(Regenjacke) – (feste Schuhe) – Limonade – (Essen)

3 ◯ am Abend ◯ steht nicht im Text ◯ morgens ☒ **am Nachmittag**

4
- ◯ Er möchte Ellas Smartphone finden.
- ☒ **Er will tief in den Wald hineingehen.**
- ☒ **Er wird nicht so bald zurückkommen.**
- ◯ Er möchte in einer Hütte im Wald übernachten.

5 Gewiss hat Ella ihr **Smartphone** wieder einmal **verlegt**.

6 „Und wohin gehst du, Max? Du kommst doch bald zurück?“
◯ Papa ☒ **Mama** ◯ Ella ◯ aus dem Text nicht zu beantworten

„Der arme Max, wie muss er gelitten haben.“
◯ Papa ◯ Mama ◯ Ella ☒ **Keiner. Max stellt ihn sich nur vor.**

„O Max! Da bist du ja. Was haben wir uns Sorgen um dich gemacht!“
◯ Papa ◯ Mama ◯ Ella ☒ **aus dem Text nicht zu beantworten**

„Aber überhaupt nicht Max, wo wir dich so liebhaben!“
☒ **Papa** ◯ Mama ◯ Ella ◯ Keiner. Max stellt ihn sich nur vor.

7 39 Woher ist er eigentlich gekommen?

8
Riesenhunger	**Bärenhunger**	(Z. **17**)
Baumkronen	**Wipfel**	(Z. **33**)
Backe	**Wange**	(Z. **42**)

9 Wenn Papa und Mama ihn hier **sehen könnten**, wie er **mutterseelenallein** im tiefen Wald **herumirrt**!

10
Stamm	**mächtig**	Riesen	**unheimlich**
Eule	**riesig**	Strahl	**hell**

11 ○ Gespenst ☒ **Wolf** ○ Verbrecher

12 [2] Angst [3] Erleichterung [1] Wut

13 Sie entschuldigt sich **bei Max** dafür, dass sie ihn **beschuldigt** hat, ihr **Smartphone genommen** zu haben.

14 Hier ist es vor allem wichtig, dass du deine **Meinung gut begründet** hast. Du kannst auch zu einem anderen Schluss gekommen sein, aber für die volle Punktzahl sollte deine **Antwort** folgerichtig **zum Text passen**.

Wahrscheinlich tut es ihm leid, da er merkt, dass seine Eltern sich große Sorgen um ihn gemacht haben. Außerdem hatte er im Wald alleine große Angst und ist sehr erleichtert, als seine Familie ihn findet.

Punkte	**33-31**	**30,5-28**	**27,5-22,5**	**22-16,5**	**16-8**	**7,5-0**
Note	**1**	**2**	**3**	**4**	**5**	**6**

6. Legende: Wie aus Räubern fromme Menschen wurden

1 Die **Erscheinung Gottes im Traum** veranlasste Franziskus, sein Leben zu ändern.

2 Franz von Assisi wurde **44 Jahre** alt. (Er wurde 1182 geboren und verstarb 1226.)

3 Die Glaubensbrüder durften **kein Eigentum** besitzen. Sie sollten nur von **eigener Arbeit** und **Spenden** leben.

4 **Eine Legende ist …**

○ eine frei erfundene Geschichte, die zu keiner bestimmten Zeit und an einem nicht näher genannten Ort spielt.

☒ **eine erfundene religiöse Erzählung aus dem Leben eines Heiligen, der zu einer bestimmten Zeit an einem bestimmten Ort gelebt hat.**

○ eine oft fantastische Geschichte von einem Menschen, der manches Abenteuer zu bestehen hat.

5 Eine Einsiedelei ist ein **einsamer Ort**, an dem man **Ruhe** zum **Gebet** findet.

6 Die Einsiedelei in dieser Legende heißt **Montecasale** und liegt in den **Bergen**.

7 Die Brüder stiegen ins Tal hinab, um **Armen** zu **helfen** und das **Evangelium** zu **predigen**.

8 Für jedes unterstrichene Wort gibt es einen 1/2P.

Leider trieb in den benachbarten Wäldern eine schreckliche Räuberbande ihr Unwesen. Auf ihren Beutezügen stiegen diese Banditen ins Tal hinab und legten sich nahe der Straße in die Büsche.

9 Dieses Bild passt zum Text in den Zeilen **33-37**.

10 **Wegen des Schnees** kamen die Räuber in strengen Wintern **überhaupt nicht ins Tal hinab**.

11 Für jedes richtige Nahrungsmittel bekommst du einen 1/2P.

Die Räuber wurden mit **Brot**, **Wein**, **Käse** und **Eiern** bewirtet.

12 Und dann erklärte er ihnen genau, was sie zu tun hätten. Z. **36-37**
Die Räuber hatten gut zugehört, sagten aber erst einmal nichts. Z. **51-52**

13 Die Räuber sollten den Brüdern versprechen, **dass sie die Leute, die sie überfallen, am Leben lassen.**

14 ◯ Wo trieb eine Räuberbande ihr Unwesen?
◯ Die Brüder brachten Brot und Wein. Wann kamen sie wieder?
☒ **Arbeitete Franziskus als Tuchhändler wie sein Vater?**

15 Für jeden richtig durchgestrichenen bzw. nicht durchgestrichenen Satz gibt es einen 1/2P.

Die Räuber überfielen ahnungslose Reisende.
Hungrige Räuber baten die Brüder um Brot.
~~Die Brüder ermahnten die Räuber nie, ihr Leben zu ändern.~~ (→ Die Brüder ermahnten die Räuber immer wieder.)
~~Alle Räuber änderten sofort ihr Leben.~~ (→ Nicht alle Räuber änderten ihr Leben und auch nicht sofort.)
Die Räuber wurden von den Brüdern höflich bedient.
~~Die Räuber brachten den Brüdern Holz und Kohle für den Winter.~~ (→ Sie brachten ihnen nur Holz.)

16 Die Räuber hatten am eigenen Leibe die **Liebe und Hilfsbereitschaft der Brüder erfahren** und gesehen, wie glücklich und **gut diese lebten**.

Punkte	25-24	23,5-21	20,5-17	16,5-12,5	12-6	5,5-0
Note	1	2	3	4	5	6

7. Märchen: Die Bienenkönigin

1 Er macht sich auf den Weg, um **seine Brüder zu suchen**, die auf einem Abenteuer sind.

2 Sie **verspotten ihn**, dass er sich mit **seiner Einfalt** durch die Welt schlagen will.

3 Für jedes richtig angemalte Adjektiv gibt es einen 1/2P.

4
„Lasst die Tiere in Frieden, ich will nicht, dass ihr sie tötet."	**Enten**
„Lasst die Tiere in Frieden, ich will nicht, dass ihr sie stört."	**Ameisen**
„Lasst die Tiere in Frieden, ich will nicht, dass ihr sie verbrennt."	**Bienen**

5 In diesem Abschnitt kommen die **drei Brüder** und **drei Schlösser** vor. Außerdem müssen sie **dreimal rufen**, damit das Männchen sie hört.

6 Die Enten helfen ihm bei der **zweiten Aufgabe**. Sie holen den **Schlüssel zur Schlafkammer** der Königstöchter **aus dem See**.

7 **Die Aufgaben auf der steinernen Tafel sollen gelöst werden, damit …**

○ der Dummling König wird.
☒ **das verzauberte Schloss und seine Bewohner erlöst werden.**
○ jede Königstochter einen Mann bekommt.

Der älteste Bruder findet …

○ über zweihundert Perlen.
☒ **genau hundert Perlen.**
○ nicht mehr als zweihundert Perlen.

Die älteste Königstochter hat vor dem Schlafen …

○ ein wenig Sirup gegessen.
○ einen Löffel Zucker gegessen.
☒ **ein Stück Zucker gegessen.**

8 … kam der Ameisenkönig, dem er einmal das Leben erhalten hatte, mit fünftausend Ameisen

9 Die **Bienenkönigin hilft** dem Dummling. Die jüngste Tochter hat vor dem Schlafen **Honig gegessen**. Das **kann die Biene erkennen**.

10 Die dritte Aufgabe aber war die **schwerste**, aus den drei **schlafenden** Töchtern des Königs sollte die **jüngste** und die liebste herausgesucht werden.

11 **ward** (z. B. Zeile 31, 34, 37)

12 Sie werden zu Stein, da sie **nicht alle Perlen finden** können, also bereits **bei der ersten Aufgabe scheitern**. Am Ende des Märchens **werden** sie wieder **erlöst** und heiraten die beiden Schwestern.

13 **Ja**, das ist gerecht. Er hat **die Tiere** vor der Bösartigkeit seiner Brüder **beschützt**. **Daher helfen die Tiere ihm** und nicht seinen Brüdern.

Punkte	**26-25**	**24,5-22**	**21,5-17,5**	**17-13**	**12,5-6**	**5,5-0**
Note	**1**	**2**	**3**	**4**	**5**	**6**

8. Romanausschnitt: Diese Holzpuppe kennt jedes Kind

1 Meister Kirsche wurde er **wegen seiner roten Nase** genannt.

2 **Gepetto**, der Pinocchio erbaut hatte, gab ihm seinen Namen. Er wollte mit Pinocchio **umherziehen** und damit **Geld verdienen**.

3
○ Pinocchios erster Schultag (→ gerade um den ersten Schultag geht es nicht)
○ Pinocchio besucht eine Vorstellung im Puppentheater (→ zu allgemein, langweilig)
☒ **Pinocchios aufregendes Abenteuer mit dem Feuerfresser** (→ weckt Spannung)

4 **Gepetto verkaufte** für das Abc-Buch **seine einzige Jacke**.

5 Er **hörte** in der Ferne **Pfeifenbläser und Trommelschläger**.

6
- ☐ „Für dreißig Pfennig darf man bei einem Holzpuppentheater zusehen."
- ☐ „Zum Theater kann ich auch morgen gehen!"
- ☒ **„Für zwanzig Pfennig nehme ich es."**

7 ☐ ein Holzschränkchen ☒ **ein lustiges Theaterstück** ☐ ein nettes Kinderbuch

8 Brennende Augen, ein Mund wie ein Ofenloch und ein tiefschwarzer Bart, der bis zur Erde reichte.

9 Er meint, dass es **Pinocchios Schuld** ist, dass **die Vorstellung unterbrochen** wurde, worüber die **Zuschauer verärgert** sind.

10 Er wollte Pinocchio **als Holz für das Feuer für seinen Braten** nehmen. Z. **45/46**

11 **Als der Feuerfresser niesen musste, ...**
- ☒ **flüsterte der Harlekin Pinocchio etwas ins Ohr.**
- ☐ rannten alle Holzpuppen auf die Bühne.
- ☐ drohte das Feuer zu erlöschen.

Als Pinocchio in das Puppentheater kam, ...
- ☐ war das Theater gerade zu Ende.
- ☐ wollte er auch mitspielen.
- ☒ **stritten sich Harlekin und Hanswurst.**

12

Der Feuerfresser blieb kalt und hart wie ein Stück ~~Glas~~ **Eis**.

Obwohl er so ~~böse~~ **schrecklich** aussah, war der Feuerfresser im Grunde nicht schlecht.

Sie holten Pinocchio auf die Bühne und ~~drückten~~ **umarmten** ihn ohne Ende.

13 Er gab dem Feuerfresser einen **Kuss auf die Nasenspitze**.

14 Der Feuerfresser musste immer **niesen, wenn er Mitleid hatte**. Er bestrafte die beiden nicht, **da sie ihm leid taten** und er **eigentlich nicht böse** war.

Punkte	21-20	19,5-18	17,5-14	13,5-10,5	10-5	4,5-0
Note	1	2	3	4	5	6

9. Sachtext: Eine Arbeit, die Mut erfordert

1 Diese Arbeiter nennt man **Industriekletterer**.

2 Man benötigt diese Handwerker, um **an hohen Gebäuden Arbeiten auszuführen**. Es ist nämlich **nicht immer möglich Kräne oder Gerüste aufzustellen**. Und es ist auch **teuer**.

3 Von oben sehen die **Menschen** aus **wie Ameisen** und **Autos wie kleine Spielzeuge**. (Z.**12/13**)

4 Es wäre **lebensgefährlich** für Passanten, wenn einem Arbeiter zum Beispiel ein Arbeitsgerät **herunterfallen würde.** Dieses würde mit 100 Stundenkilometern **unten aufprallen**.

5 **Jeder Mensch** würde einen **Schweißausbruch bekommen**, **wenn** er nur **hinunterschaut**, denn Höhenangst ist eine **Urangst**.

6 Jonas' Aufgabe ist es, kaputte Metallplatten an der Hauswand auszutauschen und lockere Schrauben nachzuziehen.

7 ○ Risse ausbessern ☒ Lackschäden beheben ○ Roststellen reparieren

8 Damit die Kletterer **verstehen**, welche **Kräfte** auf die Seile wirken.

9 Für jedes richtig angekreuzte bzw. nicht angekreuzte Wort gibt es einen 1/2 P.

☒ Knotenkunde ☒ Mathematik
○ Seilschwingen ☒ Rettungstechnik

10 Der Beruf des Industriekletterers erfordert körperliche **Fitness** und eine unglaubliche **Energie**. Beides **nimmt ab**, je älter man wird.

11 Zwei Seile müssen es sein, **falls** eines bei einem Sturz reißt.

12 Für jede richtig angekreuzte bzw. nicht angekreuzte Aussage gibt es einen 1/2 P.

○ Die Seile können nur eine Tonne Gewicht aushalten. (→ Ein Seil hält bis zu 3 Tonnen aus.)
☒ **Im Hamburger Hafen muss das Dach einer Lagerhalle kontrolliert werden.**
○ Fenster werden auch von Hubschraubern aus geputzt. (→ Das ist nicht möglich.)
☒ **Jonas ist 25 Jahre alt.**
○ Die Seile bestehen aus Baumwolle. (→ Die Seile sind aus fingerdickem Kunststoff.)
☒ **Jonas hat eine Zusatzausbildung gemacht.**

13 Z. **19** Ein Passant ist **ein vorbeikommender Fußgänger**.

14 Besonders bei Regen, Eis und Schnee kann es gefährlich werden.

Punkte	**25-24**	**23,5-21**	**20,5-17**	**16,5-12,5**	**12-6**	**5,5-0**
Note	**1**	**2**	**3**	**4**	**5**	**6**

10. Sachtext: Ein interessanter Planet

1 Durch ein gewaltiges Erdbeben entsteht eine Druckwelle.
Der Astronaut sucht vergeblich seine Kameraden.
Vor Erschöpfung verliert er das Bewusstsein.
Der Astronaut überlebt und wird gerettet.

2 Die Griechen des Altertums nannten den rötlich leuchtenden Planeten **Ares**, die Römer **Mars**.

3 **Marsianer** **grüne Männchen**

4 Auf dem Mars gibt es sehr wahrscheinlich **Wasser** und, wo es Wasser gibt, **kann auch Leben sein**.

5 Wegen des **eisenhaltigen verrosteten** Staubs ist der Mars **rötlich** braun. (Z. **26**)

6 Für jedes richtig durchgestrichene bzw. nicht durchgestrichene Wort gibt es einen 1/2 P.

Ebenen – Hügellandschaften – ~~Wiesen~~ – eisbedeckte Pole – Vulkane – ~~Meere~~ – Krater – ~~Wälder~~

7

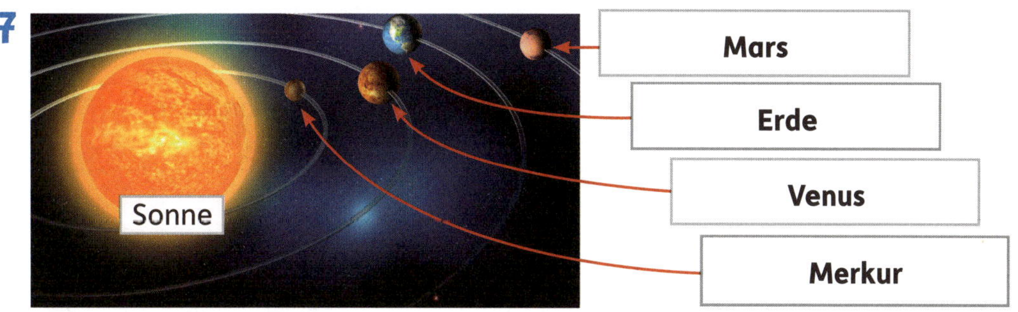

8 Auf dem Mars ist es kälter, da er **weiter** von der **Sonne entfernt** ist als die Erde. (Z. **31/32**)

9 Der Mars ist zwischen ~~65~~ **56** Millionen und ~~400~~ **401** Millionen Kilometer von der Erde entfernt. Ein Flug zum Mars dauert ~~70~~ **7** bis ~~80~~ **8** Monate.

10 Und 2012 landete ein **großer** Rover mit **nuklearer** Energieversorgung in einem Krater von **154** Kilometern Durchmesser.

11 **Eine Raumsonde ist …**

- ☒ **ein unbemannter Raumflugkörper**
- ○ ein bemannter Weltraumflugkörper
- ○ die Trägerrakete eines Flugkörpers
- ○ ein Satellit

Im Jahr 1976 …

- ○ machte eine Sonde 7000 Fotos.
- ○ stürzte eine Sonde ab.
- ☒ **landete die erste Sonde auf dem Mars.**
- ○ flog eine Sonde am Mars vorbei.

12
- ○ Ein Ziel, von dem man geträumt hat.
- ○ Ein Ziel, das sich vielleicht in einem Traum, aber niemals in Wirklichkeit erreichen lässt.
- ☒ **Ein Ziel, das zu erreichen vorerst nur ein Traum ist, dessen Verwirklichung aber in Wirklichkeit nicht völlig unmöglich ist.**

13 **Dafür:** Menschen könnten sich von einer unbewohnbar gewordenen Erde auf den Planeten retten.
Dagegen: Man könnte diese Milliarden ausgeben, um zu verhindern, dass die Erde unbewohnbar wird. Auch zur Bekämpfung der Armut wären sie dringend nötig.

Punkte	30-28,5	28-25,5	25-20,5	20-15	14,5-7	6,5-0
Note	1	2	3	4	5	6

11. Sachtext: Die Rechte der Kinder

1 Für jede richtig angekreuzte bzw. nicht angekreuzte Antwort gibt es einen 1/2 P.

Janusz Korczak war ...

- [x] **Kinderarzt**
- [ ] polnischer Politiker
- [ ] Zahnarzt
- [x] **Pädagoge**
- [ ] Schularzt
- [x] **Heimleiter**

2 Im Jahr **1919** verlangte Korczak zum ersten Mal Rechte für Kinder.

3 Die Idee einer Kinderrepublik verwirklichte Korczak im **Waisenhaus** für jüdische Kinder in **Warschau**.

4

Im Jahr 1989 wurde von 193 Staaten der Vereinten Nationen die UN-Kinderrechtskonvention beschlossen.

Z. **8-10**

5 **Das Recht** ...

- [ ] seine Meinung zu äußern.
- [ ] eigene Erfahrungen zu machen.
- [x] **sich zu bilden und entsprechende Schulen zu besuchen.**
- [ ] an die Gemeinde Forderungen zu stellen.

6 Die Rechte für Kinder gelten unabhängig von Hautfarbe, **Geschlecht**, **Sprache**, **Religion** und **Behinderung**.

7

1					P	F	L	I	C	H	T	E	N		
2	K	I	N	D	E	R	P	A	R	L	A	M	E	N	T
3					M	E	D	I	E	N					
4		B	E	R	L	I	N								

Die Kinder sollen **FREI** und ohne Gewalt aufwachsen.

8 Die Kinder werden von den **Mitschülern ihrer jeweiligen Schule** gewählt.

9 **Ein Lokalpolitiker ist ein Politiker, der ...**

- [ ] ein Lokal besitzt und dort arbeitet.
- [x] **für einen bestimmten Wohnort Politik macht.**
- [ ] in dem Wirtshaus einer Stadt Politik macht.

10 Diese Lösungen sind möglich:

Sie setzen sich **für Fahrradwege und Zebrastreifen** ein.
Sie **kritisieren veraltete Spielgeräte** auf Spielplätzen.
Sie wollen **verhindern, dass Jugendzentren geschlossen werden**.
Sie möchten **keine schlecht beleuchteten Wege** durch Parks.
Sie sind **gegen lange Schulwege** wegen ungünstigen Busfahrplänen.

11 Beispiel:

Ich möchte, dass Autos in unserer Spielstraße Schritttempo einhalten, sonst kann man hier nicht spielen.

12
- **2** nach Lösungen für das Problem suchen
- **1** mich mit meinen Freunden zusammenschließen
- **3** Forderungen aufschreiben und an die Gemeinde schicken

13

Jedes Kind hat das Recht so zu sein, wie es ist.

Es gibt Vieles, was Kinder bewegt und was sie ändern möchten.

Es ist immer möglich und erlaubt, von seinen Rechten als Kind Gebrauch zu machen.

14 Im Jahr **1972** erhielt er den **Friedenspreis des Deutschen Buchhandels**.

Punkte	28,5-27	26,5-24	23,5-19	18,5-14	13,5-7	6,5-0
Note	1	2	3	4	5	6

12. Sachtext: Die Olympischen Spiele im Altertum

1 Das Feuer wurde vor dem Zeustempel entzündet, da die Olympischen Spiele ein **religiöses Fest zu Ehren des Gottes Zeus** waren.

2 Trotz der Hitze durften die Zuschauer **keine Kopfbedeckung** tragen. Es gab **keine Toiletten und Duschen**. Das **Trinkwasser** war **knapp** und die Zuschauer mussten **in Zelten schlafen**.

3 Die Spiele fanden im **August oder September** statt. Der genaue Termin richtete sich **nach dem Vollmond**.

4
1. **Laufen**
2. **Speerwurf**
3. **Weitsprung**
4. **Diskuswurf**
5. **Ringkampf**

5
- ◯ Damals hatten die Menschen noch kein Schamgefühl.
- ☒ **Kleidung wäre nur hinderlich gewesen.**
- ◯ Im August herrschte große Hitze.

6 Ein Stadion war im alten Griechenland sowohl **der Ort, in dem die Wettkämpfe stattfanden**. Außerdem bezeichnete es eine **Maßeinheit**. Ein Stadion betrug etwa **192,25 Meter**.

7 Der berühmteste Ringkämpfer des Altertums hieß **Milon von Kroton**. Man erzählt sich, dass er zum Training **ein Kalb auf seinen Schultern getragen** haben soll, sogar **bis aus diesem später ein ausgewachsener Stier** wurde. Außerdem soll er **Unmengen an Fleisch und Brot gegessen** und **viel Wein getrunken** haben.

8
- ☒ **Der Sieger bekam einen Palmzweig.**
- ◯ Die Gewinner der zweiten und dritten Plätze erhielten Trostpreise.
- ☒ **Der Sieger stand von nun an unter dem besonderen Schutz des Gottes Zeus.**
- ◯ Der Sieger bekam wie heute eine Medaille aus Gold.

9 776 vor Christus (Zeilen 3-4) 393 nach Christus (Zeile 50)

Die Olympischen Spiele des Altertums gab es also **1169 Jahre** lang.

10 Vom Jahr ~~393~~ **394** an wurden vom ~~griechischen~~ **römischen** Kaiser Theodosius alle Feste, die nichts mit dem ~~heidnischen~~ **christlichen** Glauben zu tun hatten, ~~erlaubt~~ **verboten**.

11 Der Franzose **Pierre de Coubertin** hat die Olympischen Spiele **im Jahr 1896** wiederbegründet.

12 Ein 1/2 P auf jeden richtig durchgestrichenen bzw. nicht durchgestrichenen Satz.

~~Am ersten Tag der Olympischen Spiele wurde Zeus ein Stier geopfert.~~ (→ Der Stier wurde am dritten Tag geopfert.)
In der Zeit der Olympischen Spiele herrschte Waffenruhe.
Die Teilnahme an den Wettkämpfen war nur freien Männern erlaubt.
~~Der Diskus war eine kreisrunde Scheibe aus schwerem Eichenholz.~~ (→ Der Diskus war aus Stein oder Metall.)
~~Im alten Griechenland fanden auch im Winter Olympische Spiele statt.~~ (→ Olympische Winterspiele gibt es erst seit 1924.)
Heute gibt es auch Olympische Spiele für behinderte Athleten.

13 Die alten Spiele waren ein **religiöses** Fest zu Ehren des **Gottes Zeus**. Die modernen Spiele sollen vor allem der **Völkerverständigung** dienen.

Punkte	**28,5-27**	**26,5-24**	**23,5-19**	**18,5-14**	**13,5-7**	**6,5-0**
Note	**1**	**2**	**3**	**4**	**5**	**6**

13. Sachtext: Wenn ich groß bin, werde ich ...

1 **Blindenhund** **Blindenführhund**

2 Aikos Frauchen heißt **Rosa**. Sie ist **15 Jahre** alt.

3 Für jeden richtig angekreuzten bzw. nicht angekreuzten Satz gibt es einen 1/2 P.

- [x] **Aiko führt sein Frauchen zu einem freien Sitzplatz.**
- [x] **Er bleibt vor dem weißen Strich stehen, bis die U-Bahn einfährt.**
- [ ] Hundebesitzer mögen es, wenn Hunde an der Leine ziehen. (→ Nein, das mögen sie nicht.)
- [x] **Blindenhunde lernen, sich das Führgeschirr selbst anzulegen.**
- [ ] Aiko darf Rolltreppen benutzen. (→ Nein, das ist für Hunde verboten.)
- [ ] Hörzeichen werden oft auf Französisch gelernt. (→ Hörzeichen sind auf Italienisch.)

4 Zeile **22**

5 14 „Aiko ist gesund, er ist klug, mutig und nervenstark.

6 Für jede richtige Hunderasse gibt es einen 1/2 P. Wenn du Aikos Rasse richtig eingekreist hast, bekommst du 1P.

Deutscher Schäferhund, **Golden Retriever**, **Labrador**, **Großpudel**

7 Die Kosten dafür übernimmt ~~jede~~ **die** Krankenkasse.

Deshalb ist es schwierig für ihn, auch einmal ungehorsam zu sein.

Natürlich kann Aiko nicht ~~die ganze~~ **immer** Zeit arbeiten.

8 Zusammen nennt man die beiden **ein Gespann**.

9
- **2** 6 bis 12 Monate Besuch einer Führhundeschule
- **1** 1 Jahr lang normales Hundeleben bei einer Pflegefamilie
- **4** Gespannprüfung für Hund und Frauchen/Herrchen
- **3** sich mehrere Wochen an das blinde Frauchen/Herrchen gewöhnen

10 Einen Blindenhund sollte man bei seinem Einsatz weder streicheln noch ansprechen, denn **es könnte ihn bei seiner anstrengenden Arbeit verwirren**.

11 **Hörzeichen sind ...**
- [x] **kurze sprachliche Aufforderungen, mit denen der Blinde dem Hund mitteilt, was er tun soll.**
- [ ] Geräusche der Umwelt, auf die der Hund achten muss.
- [ ] akustische Signale, damit Hund und Besitzer sich nicht verlieren.

12 „A terra" bedeutet: **hinlegen**. „Avanti" heißt: **los**, **geradeaus**.

13 Es gibt die gelben Anforderungskästen, **weil Hunde keine Farben sehen können**. Der Hund kann **am Piepen des Kastens hören**, dass die Ampel auf Grün steht.

14 Hier ein paar Beispiele. Sicherlich hast du auch eine passende Überschrift gefunden.

Ausbildung und Aufgaben eines Blindenhunds
Was ein Blindenhund lernen und können muss
Rosa und Aiko

Punkte	25-24	23,5-21	20,5-17	16,5-12,5	12-6	5,5-0
Note	1	2	3	4	5	6

14. Sachtext: Oft gehört, selten gesehen: der Kuckuck

1 Der Kuckuck ist in Deutschland **von Mitte April bis Ende Mai**.

2 Der Kuckuck **lässt** andere Vögel **seine Eier ausbrüten** und seine **Kinder aufziehen**.

3

	richtig	falsch	
Der Kuckuck legt seine Eier nur in leere Nester.	○	⊗	(Nein, darin sind die Eier der Wirtsvögel.)
Das Kuckucksweibchen täuscht den ausgewählten Elternvögeln einen Angriff vor.	○	⊗	(Nein, das macht das Männchen.)
Das Kuckucksweibchen entfernt ein Ei aus dem Nest, frisst es, und legt sein eigenes hinein.	⊗	○	
Die Anzahl der Eier muss gleich bleiben, weil die Wirtsvögel klug sind.	⊗	○	
Das Kuckucksweibchen legt pro Jahr ungefähr 5 Eier in fremde Nester.	○	⊗	(Nein, es sind circa 10 Eier.)

4 von <u>Rohrsängern</u>, <u>Rotkehlchen</u> oder <u>Grasmücken</u>

5 Das Kuckucksei darf **nicht zu groß** sein. Außerdem muss es **farblich** den Eiern der Wirtsvögel **ähnlich** sein.

6 In **zwei von drei Fällen** gelingt die Täuschung und das Kuckucksei wird von den Wirtsvögeln ausgebrütet wie die eigenen.

7 <u>Fütterungsreiz</u> (Z. **32**) <u>Sender</u> (Z. **51**)
<u>Delikatesse</u> (Z. **55**) <u>Klimawandel</u> (Z. **56**)

8 <u>Ein Kuckuck wird bis zu 34 cm lang und 10 Jahre alt.</u>

9 **Möglicherweise legt der Kuckuck seine Eier in fremde Nester, ...**

○ weil er ein Faulpelz ist und keine Lust hat, seine Eier auszubrüten.
⊗ **weil die frisch geschlüpften Jungvögel seine Nahrung nicht vertragen.**
○ weil er so mehr Eier legen kann.

Die Singvögel werden immer weniger, ...

○ weil sie zu früh aus den Wintergebieten zurückkommen.
○ weil sie keinen geeigneten Partner mehr finden.
⊗ **weil ihre Lebensräume zerstört werden.**

10 Vögel, die zu einer bestimmten Jahreszeit ihren Standort wechseln, nennt man **Zugvögel**. Die Reise des Kuckucks beträgt **12 000** km, er ist deshalb ein **Langstreckenzieher**.

11 Hast du zwei dieser Gründe gefunden?

Kuckucke werden in Ländern südlich des Mittelmeers **gefangen** und als **Delikatesse verkauft**.
Wegen des **Klimawandels** kommen viele **Wirtsvögel früher zurück** und haben ihre Eier schon ausgebrütet, wenn der Kuckuck eintrifft.
Die **Wirtsvögel werden weniger**, da artenreiche Lebensräume abnehmen.

12 Man hat dann **das ganze Jahr über Geld** in der Geldbörse.

13 Hast du einen dieser Aberglauben gefunden?

Wer eine Sternschnuppe sieht, darf sich etwas wünschen, das angeblich in Erfüllung geht.
Scherben bringen angeblich Glück.
Auch ein vierblättriges Kleeblatt soll seinem Finder Glück bringen.
An einem Freitag, den 13., passiert etwas Unangenehmes.

Punkte	25-24	23,5-21	20,5-17	16,5-12,5	12-6	5,5-0
Note	1	2	3	4	5	6

15. Interview: Gespräch mit einem Wolfsexperten

1 Für jede richtig angekreuzte bzw. nicht angekreuzte Antwort gibt es einen 1/2 P.

- ◯ Wölfe sind in allen Märchen und Sagen böse.
- ☒ **Seit dem christlichen Mittelalter wird der Wolf verfolgt.**
- ◯ Im Jahr 1914 wurde der letzte Wolf in Deutschland getötet.
- ☒ **Wölfe kamen aus benachbarten Ländern wieder nach Deutschland.**

2 Die bei uns lebenden Wölfe sind **Grauwölfe**.

3 Für jedes richtige Wort erhältst du einen 1/2 P.
kleine dreieckige Ohren
längere Beine
dunkler Sattelfleck
helles Fell um die Schnauze
hängender Schwanz
hellbraunes Fell am Bauch

4 Zur Zeit (2017) gibt es in Europa **mehr als 12 000 Wölfe**.

5 Für „Rudel“ wird auch das Wort „**Wolfsfamilie**“ gebraucht.

6 Rehe, Wildschweine, Hirsche, Hasen

7 Für jedes richtig eingesetzte Wort erhältst du einen 1/2 P.

Wolfseltern bleiben einander lebenslang **treu**. Sie sorgen dafür, dass kein **anderer** Wolf in ihr Revier **eindringt**. Jungwölfe helfen mit, die **Welpen aufzuziehen**.

8 Mit seinem **Gehörsinn** hört er **andere Wölfe** noch in **neun Kilometern** Entfernung. Sein **Geruchssinn** reicht bis **zu 2,5 Kilometer**.

9 1. **Kaiser Karl der Große** zahlte für jeden getöteten Wolf eine Belohnung.
2. Die Wölfin bringt jährlich **drei bis acht Welpen** zur Welt.
~~3. Weshalb reagieren Wölfe auf Hunde aggressiv?~~
4. Wölfe können **bis zu 50 Kilometer** in der Stunde laufen.

10 Herr Neuer: Das Wichtigste ist ruhig bleiben und Abstand halten. Zieht sich der Wolf dann nicht zurück, sollte man laut sprechen und in die Hände klatschen. Wenn sich ein Wolf nähert, sollte man auf jeden Fall stehen bleiben und sich groß machen.

11 **Große Tiere** wie Rehe, Hirsche und Wildschweine sollen nicht überhandnehmen. Sie **schaden** der **Natur**, weil sie **Bäume anknabbern** und **Pflanzen fressen**.

12 Wölfe sind normalerweise **nicht an Menschen interessiert**. Sie gehen uns aus dem Weg. Man sollte jedoch wissen, wie man sich bei der Begegnung mit einem Wolf verhält. Außerdem sollten Hunde angeleint werden. Und niemals dürfen Wölfe gefüttert werden.

Punkte	**24,5-23**	**22,5-21**	**20,5-16,5**	**16-12**	**11,5-6**	**5,5-0**
Note	**1**	**2**	**3**	**4**	**5**	**6**

10 **Welche Strafe hat sich der Feuerfresser für Pinocchio ausgedacht? Gib die Zeilen an, in denen der Satz steht, den der Feuerfresser dazu sagt.**

____

______________________________________ Z. ________ /2

11 **Kreuze an, was richtig ist.**

Als der Feuerfresser niesen musste, ...

- ◯ flüsterte der Harlekin Pinocchio etwas ins Ohr.
- ◯ rannten alle Holzpuppen auf die Bühne.
- ◯ drohte das Feuer zu erlöschen.

Als Pinocchio in das Puppentheater kam, ...

- ◯ war das Theater gerade zu Ende.
- ◯ wollte er auch mitspielen.
- ◯ stritten sich Harlekin und Hanswurst.

/2

12 **In jedem Satz ist ein Wort falsch. Vergleiche mit dem Text. Streiche das falsche Wort durch und schreibe richtig darüber.**

Der Feuerfresser blieb kalt und hart wie ein Stück Glas.

Obwohl er so böse aussah, war der Feuerfresser im Grunde nicht schlecht.

Sie holten Pinocchio auf die Bühne und drückten ihn ohne Ende.

/3

13 **Wie bedankte sich Pinocchio am Ende beim Feuerfresser?**

____

____ /1

14 **Was meinst du: Warum bestrafte der Feuerfresser Pinocchio und den Harlekin doch nicht? Begründe. Überlege dir, warum der Feuerfresser niesen musste.**

____

____

____ /2

Von 21 Punkten hast du ______ erreicht.

Lies dir deine Antworten noch einmal genau durch und verbessere, wenn nötig.

9. Sachtext

Eine Arbeit, die Mut erfordert

Wer repariert Schäden an Rotorblättern von Windkraftanlagen? Wer putzt außen die Fenster eines hohen Bürogebäudes, die sich nicht öffnen lassen? Wie geht das? Vielleicht mit Kränen, Gerüsten oder notfalls mit Hubschraubern? Nein, denn leider lassen sich Kräne nicht überall hinstellen, Gerüste nicht immer aufbauen und Fenster sich nicht vom Hubschrauber aus putzen. Vor allem wäre das viel zu teuer.

Doch es geht auch billiger, und zwar mit Handwerkern, die etwas beherrschen, was nicht jeder kann: klettern. Manche Dachdecker oder Industriemechaniker haben deshalb eine Zusatzausbildung als Industriekletterer gemacht.

Jonas, 25 Jahre alt, ist so einer. Jetzt steht er zusammen mit zwei Mitarbeitern auf dem Dach eines 70 Meter hohen Hauses. Vorher haben die Männer die schwere Kletterausrüstung mit dem Aufzug nach oben gebracht. Gleich werden sie sich über die Dachkante in die Tiefe abseilen. Die Menschen unten sehen aus wie Ameisen, Autos wie kleine Spielzeuge. Jeder Mensch würde einen Schweißausbruch bekommen, wenn er nur hinunterschaut, denn Höhenangst ist eine Urangst. Jonas' Aufgabe ist es, kaputte Metallplatten an der Hauswand auszutauschen und lockere Schrauben nachzuziehen. Sein Leben hängt jetzt an zwei Seilen aus fingerdickem Kunststoff. Zwei müssen es sein, falls eines bei einem Sturz reißt. Jedes hält bis zu drei Tonnen aus. Jonas schwebt als erster in die Tiefe. Kaum zum Aushalten ist das, wenn man ihm dabei zuschaut. Unten stehen Passanten und fotografieren. Aber den mit einem rot-weißen Band markierten Sicherheitsbereich darf keiner betreten. Zwar haben die Arbeiter ihre Arbeitsgeräte und die Metallplatten sicher am Körper befestigt, doch sollte etwas hinunterfallen, kommt es mit 100 Stundenkilometern unten an. Das ist lebensgefährlich. Wie erwartet, geht alles gut und nach einer Stunde ist der Auftrag erledigt.

Der nächste Tag wird ein schöner Arbeitstag. Im Hamburger Hafen muss zuerst die Dachkonstruktion einer Lagerhalle auf ihre Sicherheit überprüft werden. Diesmal geht der Aufstieg in umgekehrter Richtung: frei am Seil von unten nach oben. Die fünfzehn Meter sind kein Problem.

Dafür erfordert die Arbeit am darauffolgenden Tag wieder allerhöchste Konzentration. An einem Rotorblatt eines Windrads müssen Risse ausgebessert sowie Roststellen repariert werden. Jonas muss sich an dem nach unten zeigenden riesigen Rotorblatt abseilen. Das Rotorblatt allein ist schon so hoch wie ein normaler Kirchturm. Darunter geht es schwindelerregend noch einmal 50 Meter in die Tiefe. Für Jonas ist das Alltag, den er noch immer bewältigt hat; auch wenn es sich um schwierige Aufgaben handelt. Besonders bei Regen, Eis und Schnee kann es gefährlich werden.

Bei der Ausbildung lernt man im Kletterkurs natürlich das Klettern sowie den Umgang mit dem Seil, Knotenkunde, Sicherungs- und Rettungstechniken, aber auch Mathematik und Physik. Schließlich muss man verstehen, welche Kräfte auf die Seile wirken. Für den Industriekletterer sind Schwindelfreiheit und körperliche Fitness selbstverständlich – aber auch die Freude an diesem Beruf, der eine unglaubliche Energie erfordert. Deshalb kann man diese Arbeit in der Regel nur bis zum fünfzigsten Lebensjahr ausführen.

Bearbeite nun zunächst die Aufgaben auf den nächsten Seiten. Arbeite ruhig und konzentriert!

Wenn du fertig bist, kannst du hier ein lustiges Bild malen, auf dem jemand ein Fenster vom Hubschrauber aus putzt.

1 **Wie heißen Handwerker, die bei der Arbeit auf hohe Gebäude klettern müssen? Antworte in einem ganzen Satz.**

/1

2 **Warum werden diese Handwerker benötigt?**

/2

3 **Wie sehen die Menschen und Autos von oben aus?**
Gib die Zeilen an, in denen der Satz steht.

Z.

/2

4 **Jonas arbeitet an einem Hochhaus. Weshalb wird darunter ein Bereich mit einem rot-weißen Band abgesperrt?**

/2

5 **Schreibe den folgenden Satz so auf, wie er im Text steht.**

Jedem würde der Schweiß ausbrechen, der nur hinuntersieht, denn Höhenangst ist eine uralte Angst.

/3

6 **Jonas hat an der Hochhauswand zwei Aufgaben zu erledigen.**
Welche Adjektive (Wiewörter) kommen in dem entsprechenden Satz vor?
Unterstreiche den ganzen Satz und kreise die Adjektive ein.

/2

7 **Kreuze an, welche Arbeit am Windrad nicht ausgeführt werden muss.**

◯ Risse ausbessern ◯ Lackschäden beheben ◯ Roststellen reparieren

/1

8 **Warum wird bei der Ausbildung zum Industriekletterer Physik unterrichtet?**

____

____ /1

9 **Was wird bei der Ausbildung zum Industriekletterer unterrichtet? Kreuze an.**

◯ Knotenkunde ◯ Mathematik

◯ Seilschwingen ◯ Rettungstechnik /2

10 **Warum kann man diesen Beruf meist nur bis zum 50. Lebensjahr ausüben?**

____

____ /2

11 **Ersetze das unterstrichene Wort durch ein passendes anderes. Vergleiche mit dem Text und schreibe den Satz nochmals darunter.**

Zwei Seile müssen es sein, wenn eines bei einem Sturz reißt.

____ /1

12 **Kreuze nur die richtigen Aussagen an.**

◯ Die Seile können nur eine Tonne Gewicht aushalten.
◯ Im Hamburger Hafen muss das Dach einer Lagerhalle kontrolliert werden.
◯ Fenster werden auch von Hubschraubern aus geputzt.
◯ Jonas ist 25 Jahre alt.
◯ Die Seile bestehen aus Baumwolle.
◯ Jonas hat eine Zusatzausbildung gemacht. /3

13 **In welcher Zeile findest du den Begriff „Passanten". Erkläre die Bedeutung dieses Wortes.**

Z. __________ Erklärung: ______________________________

____ /2

14 **Unterstreiche im Text rot, bei welchem Wetter die Arbeit für Jonas und seine Kollegen besonders gefährlich ist.** /1

Von 25 Punkten hast du ______ erreicht.

10. Sachtext

Ein interessanter Planet

Ein gewaltiger roter Sandsturm rast auf den Astronauten zu. Eine Druckwelle wirft ihn um wie ein Bäumchen im Blumentopf. Sein Bewusstsein schwindet. Als er erwacht, hat sich der Sturm gelegt. Allein in einer wüsten und leeren Landschaft sucht er vergeblich seine Kameraden. Und ganz langsam kommt ihm ein schrecklicher Gedanke: Sie haben ihn nicht mehr gefunden, für tot gehalten und ohne ihn die Rückreise zur Erde angetreten. Für den Astronauten beginnt ein abenteuerlicher Überlebenskampf. Vielleicht kannst du dir denken, um welchen Planeten es sich hier handelt.

Der rötlich leuchtende Planet wirkte auf die Menschen des Altertums unheimlich; schließlich galt Rot als Farbe für Feuer, Blut und Aggression. Deshalb nannten die Griechen diesen Stern nach dem griechischen Kriegsgott Ares. Jahrhunderte später benannten die Römer ihn nach dem römischen Kriegsgott Mars. Und so heißt der Planet noch heute. Er liegt im Sonnensystem, von der Sonne aus gesehen, an vierter Stelle nach Merkur, Venus und Erde. Er ist also der äußere Nachbar der Erde und ihr von allen Planeten am ähnlichsten. Deshalb hat die Menschen schon immer die Frage beschäftigt, ob es auf ihm Leben gibt. Das ist durchaus möglich. Die bekannten friedlichen Marsmännchen, die Marsianer, sind allerdings ein Produkt menschlicher Fantasie. Nur in Geschichten erkunden diese grünen Männchen das Weltall und besuchen dabei auch die gute alte Erde. Solche Lebewesen gibt es auf dem Mars mit Sicherheit nicht, doch winzige Bakterien, die ja auch leben, könnten durchaus vorkommen. Forscher vermuten, dass es auf dem Mars Wasser gibt. Und wo Wasser ist, kann auch Leben sein. Dies alles wird sich in Zukunft erweisen.

Der Mars ist nur halb so groß wie die Erde. Seine Oberfläche ist mit eisenhaltigem Staub bedeckt, der im Lauf der Zeit verrostet ist wie ein altes Fahrrad. Deshalb ist der Mars rötlich braun, und man nennt ihn auch den Roten Planeten. Auf dem Mars gibt es ausgedehnte Ebenen, Hügellandschaften und hohe Berge, aber auch Vulkane – der größte ist 26 Kilometer hoch. Auch eisbedeckte Polkappen, wie auf der Erde, sind zu finden und viele oft riesige Krater, die von gewaltigen Einschlägen großer Himmelskörper zeugen.

Wie schon gesagt, ist der Mars weiter von der Sonne entfernt als die Erde, deshalb ist es dort empfindlich kalt: an Sommertagen bestenfalls an die 20 °C, sonst bis zu minus 130 °C. Aber das war nicht immer so. Vor Urzeiten muss ein wärmeres, feuchtes Klima geherrscht haben, und zwar so lange, bis es vor drei bis vier Milliarden Jahren zu verheerenden Überschwemmungen und einem dramatischen Klimawandel gekommen ist.

Der Abstand zwischen Mars und Erde verändert sich ständig. Er liegt zwischen 56 Millionen und 401 Millionen Kilometer. Ein Flug zum Mars dauert etwa 7 bis 8 Monate. Seit 1960 schickten vor allem Amerika und Russland viele unbemannte Raumflugkörper hin, sogenannte Raumsonden; aber weniger als die Hälfte war erfolgreich. Viele kamen erst gar nicht so weit, weil irgendeine Trägerrakete nicht zündete. Sonden, die wie geplant am Mars vorbeiflogen, schickten die ersten Aufnahmen von seiner Oberfläche zur Erde. 1971 schwenkte eine Sonde wie ein Satellit in die Mars-Umlaufbahn ein und machte über 7 000 Fotos. Die erste Landung einer Raumsonde gelang 1976. Sie funktionierte sechs Jahre lang.

Schließlich erreichte 1997 ein kleines, ferngesteuertes Fahrzeug, auch Rover genannt, den Mars. Es war mit Kameras und Messinstrumenten ausgestattet, diente aber vor allem als „Wegbereiter“ für spätere Unternehmungen. Und 2012 landete ein großer Rover mit nuklearer Energieversorgung in einem Krater von 154 Kilometern Durchmesser.

Sicher wird man eines Tages die ersten Bodenproben holen. Das Traumziel jedoch ist und bleibt, Raketen zu entwickeln, die zur Erde zurückkehren können. Genau daran arbeitet ein amerikanischer Milliardär mit seiner Raumfahrtfirma. Zuerst sollen 12 Techniker eine Basisstation auf dem Mars errichten. In 40 bis 100 Jahren werden dann hunderttausend Menschen auf dem Mars leben, nachdem 1000 Raumschiffe mit jeweils 100 Personen ins All geschickt worden sind. Was für ein gigantischer Kindheitstraum!

1 Vergleiche die folgenden Sätze mit dem ersten Abschnitt. Ist die Aussage korrekt, dann unterstreiche sie grün, wenn nicht, dann rot. Lässt sich die Aussage nicht aus dem Text beantworten, dann unterstreiche blau.

Durch ein gewaltiges Erdbeben entsteht eine Druckwelle.

Der Astronaut sucht vergeblich seine Kameraden.

Vor Erschöpfung verliert er das Bewusstsein.

Der Astronaut überlebt und wird gerettet.

☐ /4

2 Ergänze die Lücken durch die zutreffenden Namen.

Die Griechen des Altertums nannten den rötlich leuchtenden

Planeten ____________________, die Römer ____________________.

☐ /2

3 **Schreibe aus dem zweiten Abschnitt zwei weitere Ausdrücke heraus, wie man Marsmännchen auch nennen kann.**

_______________ _______________ ☐ /2

4 **Wieso vermutet man, dass es auf dem Mars Leben gibt?**

____

_______________ ☐ /1

5 **Warum heißt der Mars auch der „Rote Planet"? Beantworte die Frage und gib die Zeile an, in der du diesen Ausdruck findest.**

____

_______________ Z. _______ ☐ /2

6 **Streiche durch, was nicht zutrifft.**

Auf dem Mars gibt es

Ebenen – Hügellandschaften – Wiesen – eisbedeckte Pole –
Vulkane – Meere – Krater – Wälder. ☐ /4

7 **Kannst du die vier Planeten benennen? Schreibe ihre Namen richtig auf.**

Sonne

☐ /4

8 **Warum ist es auf dem Mars kälter als auf der Erde? Gib die Zeilen an, in denen du die Antwort findest.**

____

____

_______________ Z. _______ ☐ /2

9 Streiche falsche Zahlenangaben durch und schreibe die richtigen darüber.

Der Mars ist zwischen 65 Millionen und 400 Millionen Kilometer von der Erde entfernt. Ein Flug zum Mars dauert 70 bis 80 Monate.

☐ /2

10 Schreibe den folgenden Satz genauso auf, wie er im Text steht.

Und 2012 landete ein ferngesteuerter Rover mit solarer Energieversorgung in einem Krater von 145 Kilometern Durchmesser.

____

____

____

☐ /3

11 Kreuze jeweils an, was richtig ist.

Eine Raumsonde ist ...

- ◯ ein unbemannter Raumflugkörper
- ◯ ein bemannter Weltraumflugkörper
- ◯ die Trägerrakete eines Flugkörpers
- ◯ ein Satellit

Im Jahr 1976 ...

- ◯ machte eine Sonde 7000 Fotos.
- ◯ stürzte eine Sonde ab.
- ◯ landete die erste Sonde auf dem Mars.
- ◯ flog eine Sonde am Mars vorbei.

☐ /2

12 Was ist ein Traumziel? Suche das Wort im Text. Welche Antwort passt? Kreuze an.

- ◯ Ein Ziel, von dem man geträumt hat.
- ◯ Ein Ziel, das sich vielleicht in einem Traum, aber niemals in Wirklichkeit erreichen lässt.
- ◯ Ein Ziel, das zu erreichen vorerst nur ein Traum ist, dessen Verwirklichung aber in Wirklichkeit nicht völlig unmöglich ist.

☐ /1

13 Deine Meinung ist gefragt: Was spricht dafür, Milliarden auszugeben, um Menschen auf den Mars zu bringen? Spricht auch etwas dagegen?

____

____

____

☐ /1

Von 30 Punkten hast du ______ erreicht.

11. Sachtext

Die Rechte der Kinder

Noch vor den Politikern setzte sich der polnische Kinderarzt und Pädagoge Janusz Korczak für die Rechte der Kinder ein. Er wurde 1878 in Polen geboren und starb im Jahr 1942. In einer Zeit, in der es vielen Kindern sehr schlecht ging, forderte er, dass alle Kinder frei und ohne Gewalt aufwachsen und geachtet werden sollen. Im Jahr 1919 verlangte er diese drei Grundrechte für Kinder: Jedes Kind hat das Recht so zu sein, wie es ist. Jedes Kind hat ein Recht auf den heutigen Tag. Jedes Kind hat das Recht, eigene Erfahrungen zu machen.

Aber erst 70 Jahre später wurde sein Traum weltweit verwirklicht: Im Jahr 1989 wurde von 193 Staaten der Vereinten Nationen die UN-Kinderrechtskonvention beschlossen. In diesem Vertrag sind die Rechte aller Kinder aufgeschrieben, egal welcher Hautfarbe oder welchen Geschlechts sie sind, egal welche Sprache sie sprechen oder welcher Religion sie angehören, ob sie behindert sind oder nicht. Jetzt sollst du über drei von diesen Kinderrechten mehr erfahren:

1. Kinder haben das Recht, ihre Meinung zu äußern und weiterzugeben: mündlich, schriftlich, gemalt oder gesungen, wie auch immer. Dabei darf jedes Kind sich mit anderen treffen und zusammenschließen, solange dabei kein anderer Mensch in seinen Rechten eingeschränkt wird.
2. Kinder haben das Recht, sich Informationen aus verschiedenen Medien zu beschaffen, wobei der Zugang zu diesen Informationen nicht verweigert werden darf, sofern sie weder dem Kind noch einem anderen schaden.
3. Kinder haben das Recht auf Mitbestimmung besonders bei Entscheidungen, die ein Kind betreffen. In diesem Fall muss seine Meinung gehört und seinem Alter und seiner Reife entsprechend berücksichtigt werden.

Diese drei Rechte sind besonders wichtig. Deshalb gibt es in verschiedenen deutschen Städten sogenannte Kinder- und Jugendparlamente, zum Beispiel in Berlin im Bezirk Tempelhof-Schöneberg. Kinderparlamente sind Einrichtungen, in denen Kinder ihre Interessen gegenüber Gemeinden wahrnehmen können. Denn Kinder dürfen zwar nicht wählen, sollten aber doch in ihren Belangen ernst genommen werden, da für sie anderes wichtig ist und sie anders denken als Erwachsene. Deshalb treffen sich Kinder, die etwas verändern möchten, in diesen Parlamenten. Gewählt werden sie von ihren Mitschülern in den jeweiligen Schulen.

Es gibt Vieles, was Kinder bewegt und was sie ändern möchten. Zum Beispiel wenn Fahrradwege oder Zebrastreifen an verkehrsreichen Schulwegen fehlen oder Kinder sehr lange Schulwege haben, da die Busfahrpläne ungünstig sind. Kinder kritisieren auch schlecht beleuchtete Wege durch Parks oder veraltete Spielgeräte auf Spielplätzen. Sie setzen sich für Jugendzentren ein, die geschlossen werden sollen. Am meisten interessieren Kinder aber die Themen Umweltschutz und Klimawandel, denn die Kinder von heute werden von den Folgen am meisten betroffen sein.

Was Kinder in den Parlamenten beschließen, schreiben sie auf und leiten es an die zuständigen Stellen in der Stadt weiter. In der Regel wird sich der zuständige Lokalpolitiker an das Kinderparlament wenden und sich im besten Fall für die Wünsche einsetzen. Das klappt nicht immer, doch Kinder haben gelernt, dass man Politiker manchmal auch nerven und immer wieder einen Antrag stellen muss, wenn man etwas erreichen möchte.

Nun sagst du vielleicht: Meine Freunde und ich möchten auch etwas verändern, aber in meinem Ort gibt es kein Kinderparlament. Das mag sein, aber du kannst trotzdem etwas unternehmen: Schließ dich mit deinen Freunden zusammen (= Kinderrecht) und beschafft euch gemeinsam Informationen, wie das Problem gelöst werden könnte (= Kinderrecht). Schreibt eure Forderungen auf und schickt sie an die zuständige Stelle in der Gemeinde (= Kinderrecht). Es ist immer möglich und erlaubt, von seinen Rechten als Kind Gebrauch zu machen.

Zum Schluss noch einmal zu Janusz Korszak. Von 1912 an leitete er in der polnischen Hauptstadt Warschau ein Waisenhaus für jüdische Kinder. Hier verwirklichte er seine Ideen. Das Heim war eine Kinderrepublik und es gab bereits dort ein Kinderparlament. Die Kinder hatten viele Rechte, aber auch Pflichten. Übrigens 30 Jahre nach seinem Tod erhielt Janusz Korczak den Friedenspreis des deutschen Buchhandels.

1 Kreuze alle richtigen Antworten an.

Janusz Korczak war ...

○ Kinderarzt	○ Zahnarzt	○ Schularzt
○ polnischer Politiker	○ Pädagoge	○ Heimleiter

☐ /3

2 In welchem Jahr verlangte Janusz Korczak zum ersten Mal Rechte für Kinder?

______

☐ /1

3 Wo verwirklichte Korczak seine Idee einer Kinderrepublik?

______

______

☐ /1

4 **In welchem Jahr und von wem wurden die Kinderrechte dann weltweit vertraglich festgelegt? Unterstreiche den entsprechenden Satz grün im Text.**

In welchen Zeilen steht der Satz? Z. ____ – ____ ☐ /2

5 **Welches Kinderrecht wird im Text nicht erwähnt? Kreuze an.**

Das Recht …

- ◯ seine Meinung zu äußern.
- ◯ eigene Erfahrungen zu machen.
- ◯ sich zu bilden und entsprechende Schulen zu besuchen.
- ◯ an die Gemeinde Forderungen zu stellen. ☐ /1

6 **Ergänze in diesem Satz die fehlenden Worte.**

Die Rechte für Kinder gelten unabhängig von Hautfarbe, ______________,

______________, ______________ und ______________. ☐ /4

7 **Löse das folgende Kreuzworträtsel.**

1 Kinder haben nicht nur Rechte, sondern auch …
2 In welcher Einrichtung können Kinder ihre Interessen vertreten?
3 Wo dürfen sich Kinder Informationen beschaffen?
4 In welcher Stadt liegt der Bezirk Tempelhof-Schöneberg?

Kinder sollen ☐☐☐☐ und ohne Gewalt aufwachsen. ☐ /4

8 **Wer wählt die Kinder in das jeweilige Kinderparlament?**

______________________________ ☐ /1

9 **Kreuze an, was zutrifft.**

Ein Lokalpolitiker ist ein Politiker, der …

- ◯ ein Lokal besitzt und dort arbeitet.
- ◯ für einen bestimmten Wohnort Politik macht.
- ◯ in dem Wirtshaus einer Stadt Politik macht. ☐ /1

10 **Nenne drei Beispiele aus dem Text, was Kinder verändern wollen.**

/3

11 **Was möchtest du an deinem Wohnort verändern? Nenne ein Beispiel und schreibe es in einem vollständigen Satz auf.**

/1

12 **Wie könntest du vorgehen, um deinen Wunsch durchzusetzen? Nummeriere die Sätze in der richtigen Reihenfolge.**

nach Lösungen für das Problem suchen

mich mit meinen Freunden zusammenschließen

Forderungen aufschreiben und an die Gemeinde schicken

/1,5

13 **Suche diese Sätze im Text und unterstreiche sie in der entsprechenden Farbe.**

Jedes Kind hat das Recht so zu sein, wie es ist.

Es gibt Vieles, was Kinder bewegt und was sie ändern möchten.

Es ist immer möglich und erlaubt, von seinen Rechten als Kind Gebrauch zu machen.

/3

14 **Welchen Preis erhielt Janusz Korczak nach seinem Tod? In welchem Jahr war das?**

/2

Von 28,5 Punkten hast du ______ erreicht.

Überprüfe,
ob du alle Aufgaben
bearbeitet hast.

12. Sachtext

Die Olympischen Spiele im Altertum

Die Olympischen Spiele im alten Griechenland waren ursprünglich ein religiöses Fest zu Ehren des Gottes Zeus. Heute weiß man, dass ab dem Jahr 776 vor Christus die Wettkämpfe alle vier Jahre in der Nähe der Stadt Olympia ausgetragen wurden. Während der Spiele herrschte Waffenruhe, damit die Athleten sicher an- und abreisen konnten. Die heiligen Stätten durften sowieso nur ohne Waffen betreten werden.

Die Spiele fanden im August oder September statt. Der genaue Beginn richtete sich nach dem Vollmond. Alle Wettkämpfer mussten einen Eid ablegen, dass sie nicht gegen die Regeln der Kämpfe verstoßen würden. Dann wurde das Feuer auf dem Altar vor dem Zeustempel entzündet. Obwohl die Wettkämpfe ein großes Volksfest waren, waren sie für die mehr als 40 000 Zuschauer kein reines Vergnügen, denn trotz der Sommerhitze durfte man keine Kopfbedeckung tragen. Toiletten und Duschen fehlten, es gab kaum Trinkwasser und auch keine Unterkünfte. Die Zuschauer schliefen in Zelten. Als Wettkämpfer waren ausschließlich freie Männer, also keine Sklaven, zugelassen.

Bei den ersten 13 Olympischen Spielen war der Stadionlauf der einzige Wettbewerb. Einerseits bezeichnete Stadion den Ort, an dem der Wettkampf stattfand, andererseits wurde es als Maßheinheit verwendet. Ein Stadion betrug etwa 192,25 Meter. Für den Stadionlauf startete man im Stehen und lief barfuß geradeaus genau diese Strecke. Später kamen noch weitere Disziplinen hinzu. Neben den verschiedenen Laufwettbewerben wurden Wettbewerbe im Ringen, im Faustkampf und im Wettreiten und Wagenrennen ausgetragen. Der Fünfkampf aber stellte den Höhepunkt der Olympischen Spiele dar. Dazu gehörte neben dem Laufen der Speerwurf, bei dem ein kurzer Anlauf gestattet war. Außerdem der Weitsprung, der eigentlich ein Fünfsprung war, und aus fünf hintereinander ausgeführten Sprüngen bestand. Dabei ist ein 16-Meter-Sprung historisch belegt. Zum Fünfkampf gehörte auch der Diskuswurf, bei dem mit einer kreisrunden Scheibe aus Stein oder Metall geworfen wurde. Die letzte Disziplin des Fünfkampfes war der Ringkampf, bei dem der Gegner so niedergeworfen werden musste, dass sein Rücken den Boden berührte. Alle Griffe waren erlaubt, auch Beinausschlagen und Beinstellen. Alle Kämpfe mussten einheitlich nackt ausgeführt werden, weil Kleidung nur hinderlich war, und sogar die Schiedsrichter waren nackt.

Ein besonders berühmter Olympionike des Altertums war Milon von Kroton, weil er sechsmal Olympiasieger im Ringkampf wurde. Angeblich hat er beim Training ein Kalb auf seinen Schultern getragen, auch dann noch, als aus dem Kalb ein Stier geworden war. Außerdem hat er jeden Tag unglaublich große Mengen an Fleisch und Brot verzehrt sowie literweise Wein getrunken. Natürlich darf man diese Überlieferung nicht allzu wörtlich nehmen.

Die Spiele dauerten fünf, später sechs Tage lang. Am dritten Tag wurde der Gottheit ein Stier geopfert, am letzten gab es eine Prozession der Sieger zum Zeustempel. Bei der Siegesfeier wurde nur der Sieger geehrt. Die zweiten und dritten Plätze interessierten niemanden. Der Sieger bekam einen Palmzweig, ein Stirnband sowie einen Kopfkranz von den Zweigen des wilden Ölbaums, der in der Nähe des Zeustempels wuchs. Diese Siegeszeichen bedeuteten eine für uns unvorstellbare Ehre. Der Sieger stand von nun an unter dem besonderen Schutz des Gottes Zeus. Zu Hause wurde er wie ein Held gefeiert, bekam Geld und Geschenke und hatte lebenslang ausgesorgt.

Für die Olympischen Spiele begann der Niedergang, als sich römische Kaiser einmischten. Offiziell fanden sie noch bis 393 nach Christus statt. Vom Jahr 394 an wurden vom römischen Kaiser Theodosius alle Feste, die nichts mit dem christlichen Glauben zu tun hatten, verboten. Dazu zählten auch die olympischen Wettkämpfe. Die Feste gerieten in Vergessenheit. Erdrutsche und Erdbeben machten die Spielstätten unkenntlich. Erst im Jahr 1766 wurde das Stadion wiederentdeckt und um 1875 brachten deutsche Ausgrabungen zum Vorschein, was lange verborgen geblieben war.

Durch den Franzosen Pierre de Coubertin wurden die Olympischen Spiele wiederbegründet. Diese fanden erstmals 1896 in Athen statt. Bei ihnen sollte sich die Jugend der Welt treffen und die Spiele somit der Völkerverständigung dienen. Seit 1924 finden auch die Olympischen Winterspiele statt, und seit 1960 gibt es auch die sogenannten Paraolympischen Spiele, bei denen behinderte Athleten gegeneinander antreten. Diese finden drei Wochen nach den Sommerspielen am gleichen Ort wie die Olympischen Spiele statt. Die ersten Paraolympischen Winterspiele gab es 1976 in Schweden.

1 Warum wurde das olympische Feuer vor dem Zeustempel entzündet?

____

____

☐ /1

2 Aus welchen Gründen waren die Olympischen Spiele im Altertum für die Zuschauer nicht nur Vergnügen?

____

____

____

____

☐ /2

3 **Wonach richtete sich der Beginn der Olympischen Spiele im Altertum?**

____

______________________________ ☐ /1

4 **Welche Disziplinen gehörten zum Fünfkampf?**

1. ____________ 4. ____________

2. ____________ 5. ____________

3. ____________ ☐ /2,5

5 **Warum waren die Sportler bei den Wettkämpfen nackt? Kreuze an.**

◯ Damals hatten die Menschen noch kein Schamgefühl.
◯ Kleidung wäre nur hinderlich gewesen.
◯ Im August herrschte große Hitze. ☐ /1

6 **Was bezeichnete bei den alten Griechen ein Stadion? Erkläre genau.**

____

____

______________________________ ☐ /2

7 **Wie hieß der berühmteste Ringkämpfer des Altertums und welche Geschichten gibt es über ihn?**

____

____

____

______________________________ ☐ /3

8 **Kreuze nur an, was richtig ist.**

◯ Der Sieger bekam einen Palmzweig.
◯ Die Gewinner der zweiten und dritten Plätze erhielten Trostpreise.
◯ Der Sieger stand von nun an unter dem besonderen Schutz des Gottes Zeus.
◯ Der Sieger bekam wie heute eine Medaille aus Gold. ☐ /2

9 **Wie viele Jahre lang gab es die Olympischen Spiele des Altertums? Unterstreiche die beiden Jahreszahlen, die dir bei der Antwort helfen, grün.**

/2

10 **Vergleiche mit dem Text. Streiche Falsches durch und schreibe richtig darüber.**

Vom Jahr 393 an wurden vom griechischen Kaiser Theodosius alle Feste,

die nichts mit dem heidnischen Glauben zu tun hatten, erlaubt.

/4

11 **Wie heißt der Wiederbegründer der Olympischen Spiele und in welchem Jahr fanden sie zum ersten Mal statt?**

____

____

____

/2

12 **Streiche alle falschen Behauptungen durch.**

Am ersten Tag der Olympischen Spiele wurde Zeus ein Stier geopfert.

In der Zeit der Olympischen Spiele herrschte Waffenruhe.

Die Teilnahme an den Wettkämpfen war nur freien Männern erlaubt.

Der Diskus war eine kreisrunde Scheibe aus schwerem Eichenholz.

Im alten Griechenland fanden auch im Winter Olympische Spiele statt.

Heute gibt es auch Olympische Spiele für behinderte Athleten.

/3

13 **Ergänze die fehlenden Wörter.**

Die alten Spiele waren ein ______________ Fest zu Ehren

des ______________ ______________. Die modernen

Spiele sollen vor allem der ______________ dienen.

/3

Von 28,5 Punkten hast du ______ erreicht.

Überprüfe
noch einmal deine
Antworten!

13. Sachtext

Wenn ich groß bin, werde ich …

Jeder Hund weiß das: Frauchen und Herrchen mögen es nicht, wenn er an der Leine zieht. Nur Aiko hat es anders gelernt. Er steckt in einem Geschirr und zieht Rosa, sein junges Frauchen. Er führt sie über die Straße durch das Menschengewimmel bis zum Hauptbahnhof. Dann bringt er sie über eine Treppe hinab zur U-Bahn. Auf dem Bahnsteig bleibt er vor dem weißen Strich stehen, bis die U-Bahn einfährt. Zuletzt zieht er Rosa durch die geöffnete Tür zum nächsten freien Sitzplatz. Geschafft!

Du hast schon gemerkt, dass Aiko ein besonderer Hund ist. Er kostet auch mehr als gewöhnliche Hunde: 21 000 Euro. Rosa, sein Frauchen, ist 15 Jahre alt – und blind. Der Arzt hat ihr einen Blindenhund (Blindenführhund) verordnet. Die Kosten dafür übernimmt die Krankenkasse. Nicht jeder Hund eignet sich als Blindenführhund, auch nicht jede Hunderasse. Geeignet sind vor allem die Rassen Deutscher Schäferhund, Golden Retriever, Labrador und Großpudel.

Aiko, ein Labrador, zeigte schon als Welpe, was in ihm steckt. Der Tierarzt sagte: „Aiko ist gesund, er ist klug, mutig und nervenstark. Vielleicht wird einmal ein Blindenhund aus ihm." Deshalb kam Aiko zu einer Pflegefamilie und wuchs dort auf wie ein ganz normaler Hund. Er wurde liebevoll erzogen und lernte, sich an Regeln zu halten: Zum Beispiel nicht aufs Sofa zu steigen und nicht um Essen zu betteln. Weil er mutig ist, gewöhnte er sich schnell an den Straßenverkehr sowie ans Bus- und Bahnfahren.

Aiko fühlte sich wohl bei seiner Pflegefamilie. Als er nach einem Jahr auf die Führhundeschule kam, fiel der Abschied allen schwer. Über der Schultüre könnte stehen: Wenn ich groß bin, werde ich Blindenhund. Der Satz passt für alle jungen Hunde der Schule, die 6 bis 12 Monate die „Schulbank drücken" müssen. Was Aiko dort alles lernt? Im Lehrplan steht zum Beispiel:

- im Führgeschirr gehen und das Führgeschirr selbst anlegen
- 40 bis 70 Hörzeichen verstehen (z. B. weiter, rechts, links, such Ampel, such Zebra, Treppe, Briefkasten, Eingang, Ausgang usw.)
- vor dem Betreten der Straße auf dem Bürgersteig stehen bleiben und auf heranfahrende Autos achten
- Baustellen umgehen und Hindernissen ausweichen
- fremde Hunde nicht beachten und nicht auf fremde Leute hören

Jedes Mal, wenn Aiko etwas Neues kann, bekommt er eine Futterbelohnung. Aber das ist noch nicht alles. Bisher hat er gelernt, immer zu gehorchen. Deshalb ist es schwierig für ihn, auch einmal ungehorsam zu sein. Doch ein Blindenhund muss das können. Er darf zum Beispiel den Befehl des Blinden nicht befolgen, wenn er ihn damit in Gefahr bringen würde. So muss er vor einem Abgrund stehen bleiben, auch wenn Frauchen oder Herrchen ihn zum Weitergehen auffordern.

Er kann Rolltreppen nicht benutzen, weil das für Hunde verboten ist. Dafür darf er den Blinden in ein Kaufhaus oder Lebensmittelgeschäft führen, wo Hunde sonst nicht gern gesehen werden.

Nach erfolgreichem Schulabschluss muss Aiko sich erst an Rosa gewöhnen und Rosa an ihn, was mehrere Wochen dauert. Dabei lernt Rosa, wie der starre Bügel des Führgeschirrs jede Bewegung des Hundes auf ihre Hände überträgt und sie sicher ans gewünschte Ziel bringt.

Den Abschluss der Ausbildung bildet die Gespannprüfung. Aiko und Rosa sind das Gespann. Vor einem Prüfer müssen die beiden zeigen, dass sie sich gemeinsam sicher und ohne Fehler in der Öffentlichkeit bewegen können. Erst jetzt ist der Weg frei für eine lange Freundschaft der beiden. Natürlich kann Aiko nicht immer arbeiten. Dazwischen muss er sich auch mal erholen. Dann bekommt er ein Glöckchen ans Halsband und Rosa nimmt ihren Langstock und geht mit ihm in den Park. Dort darf Aiko spielen und nach Herzenslust mit anderen Hunden toben.

Zuletzt noch ein paar Hinweise für dich, wenn du einem Gespann begegnest. Den Hund solltest du nicht streicheln oder ansprechen. Es könnte ihn bei seiner anstrengenden Arbeit verwirren, obwohl er gelernt hat, nicht auf fremde Leute zu hören. Das ist der Grund, weshalb manche Hunde italienische Hörzeichen lernen, zum Beispiel a terra (hinlegen) oder avanti (los, geradeaus).

Weil Hunde keine Farben sehen, gibt es an vielen Ampeln die gelben Anforderungskästen. Der Blinde drückt auf einen Knopf an der Unterseite. Wenn der zu piepen und zu vibrieren beginnt, weiß er, dass die Ampel auf Grün steht. Du darfst es ihm aber auch gerne sagen. Ich denke, du wirst dich freuen, wenn du einmal einem Gespann begegnest.

1 **Wie nennt man Hunde, die Aufgaben wie Aiko übernehmen können? Schreibe beide Bezeichnungen auf.**

______________________ ______________________ /2

2 **Wie heißt Aikos Frauchen? Und wie alt ist sie? Antworte in ganzen Sätzen.**

____

______________________ /2

3 **Kreuze alle Sätze an, die richtig sind.**

- ◯ Aiko führt sein Frauchen zu einem freien Sitzplatz.
- ◯ Er bleibt vor dem weißen Strich stehen, bis die U-Bahn einfährt.
- ◯ Hundebesitzer mögen es, wenn Hunde an der Leine ziehen.
- ◯ Blindenhunde lernen, sich das Führgeschirr selbst anzulegen.
- ◯ Aiko darf Rolltreppen benutzen.
- ◯ Hörzeichen werden oft auf Französisch gelernt. /3

4 **In welcher Zeile steht der Satz „Wenn ich groß bin, werde ich Blindenhund."**

Zeile ______ /1

5 **Aus welchem Grund wählt der Tierarzt Aiko zur Ausbildung als Blindenhund aus? Unterstreiche den Satz im Text grün.** /1

6 **Welche vier Hunderassen eignen sich besonders gut als Blindenführhund? Zu welcher Hunderasse gehört Aiko? Kreise diese Antwort ein.**

____

______________________ /3

7 **Welcher Satz steht genauso im Text? Unterstreiche ihn. Verbessere die anderen Sätze. Streiche durch, was falsch ist und schreibe richtig darüber.**

Die Kosten dafür übernimmt jede Krankenkasse.

Deshalb ist es schwierig für ihn, auch einmal ungehorsam zu sein.

Natürlich kann Aiko nicht die ganze Zeit arbeiten. /3

8 **Wie nennt man einen Blindenhund und seinen blinden Begleiter, wenn sie zusammen unterwegs sind?**

______________________________ /1

9 **In welcher Reihenfolge verläuft das Leben eines Blindenhundes? Nummeriere richtig von 1-4.**

- 6 bis 12 Monate Besuch einer Führhundeschule
- 1 Jahr lang normales Hundeleben bei einer Pflegefamilie
- Gespannprüfung für Hund und Frauchen/Herrchen
- sich mehrere Wochen an das blinde Frauchen/Herrchen gewöhnen

/2

10 **Begründe den folgenden Satz, indem du ihn sinnvoll ergänzt.**

Einen Blindenhund sollte man bei seinem Einsatz weder streicheln noch

ansprechen, denn ______________________________

______________________________ /1

11 **Kreuze an, was stimmt.**
Hörzeichen sind ...

- ◯ kurze sprachliche Aufforderungen, mit denen der Blinde dem Hund mitteilt, was er tun soll.
- ◯ Geräusche der Umwelt, auf die der Hund achten muss.
- ◯ akustische Signale, damit Hund und Besitzer sich nicht verlieren.

/1

12 **Was bedeuten die Hörzeichen „a terra“ und „avanti“?**

____

______________________________ /2

13 **Warum gibt es an Verkehrsampeln spezielle Anforderungskästen?**

____

______________________________ /2

14 **Suche eine andere passende Überschrift für diesen Text.**

______________________________ /1

Von 25 Punkten hast du ______ erreicht.

14. Sachtext

Oft gehört, selten gesehen: der Kuckuck

Den Ruf des Kuckucks kennt jeder. Hören kann man ihn nur von Mitte April bis Ende Mai. Der Kuckuck ist der Frühlingsbote. Auch in zahlreichen Liedern wird er besungen: „Kuckuck, Kuckuck ruft's aus dem Wald" oder „Der Kuckuck und der Esel". Trotzdem gibt der Vogel noch manche Rätsel auf, die von der Wissenschaft erst gelöst werden müssen.

Sicherlich kennst auch du eine Besonderheit des Kuckucks: Er lässt andere Vögel seine Eier ausbrüten und seine Kinder aufziehen. Das ist gar nicht so leicht, denn die vom Kuckuck bevorzugten Nester von etwa 15 Zugvogelarten wie zum Beispiel von Rohrsängern, Rotkehlchen oder Grasmücken sind ja nicht leer, wenn er ein Ei hineinlegen will. Wie schafft er das trotzdem im fremden Nest eines brütenden Vogelpaars? Mit einem Trick: Das ziemlich große Kuckucksmännchen nähert sich im Sturzflug dem ausgewählten Nest, sodass die Elternvögel einen Angriff befürchten müssen. Um den Angreifer abzuwehren und ihre Eier zu verteidigen, sind sie gezwungen, kurz das Nest zu verlassen. Jetzt ist das Kuckucksweibchen an der Reihe: Blitzschnell und unbemerkt entfernt es ein Ei aus dem Nest, frisst es, weil es sein Eiweiß braucht, und legt an seiner Stelle ein eigenes hinein. Weil die Wirtsvögel klug sind, muss die Anzahl der Eier gleich bleiben und das Kuckucksei darf nicht zu groß sein, sonst wird die Brut aufgegeben.

Was das Raffinierte dabei ist: Das fremde Ei sieht fast genauso aus wie die Eier der ausgewählten Vogelart, egal ob hellblau, dunkelbraun oder gesprenkelt. Wie dies dem Kuckucksweibchen gelingt, ist noch nicht völlig geklärt. Inzwischen weiß man aber, dass ein Kuckucksweibchen immer auf eine Vogelart spezialisiert ist, meist jene, bei der es selbst aufgewachsen ist. Über einen unendlich langen Zeitraum haben die Kuckucksweibchen die Farbe ihrer Eier denen der Wirtsvögel angepasst und sie arbeiten weiter daran.

In zwei von drei Fällen gelingt die Täuschung, und das Kuckucksei wird von den Wirtsvögeln ausgebrütet wie die eigenen. Zu allem Unglück schlüpft der größere Kuckuck früher als die anderen Vögel und wirft ihre Eier hinaus. Der große orangerote Rachen des kleinen Kuckucks übt auf die Wirtsvögel einen starken Fütterungsreiz aus. Auch kann der Kuckuck die Laute der ehemaligen Nestgeschwister nachmachen. Deshalb erhält er nun als „Einzelkind" reichlich Nahrung und kann prächtig gedeihen. Ein Kuckuck wird bis zu 34 cm lang und 10 Jahre alt. Jedes Jahr legt das Kuckucksweibchen etwa 10 Eier in fremde Nester.

Natürlich ist der Kuckuck kein Faulpelz. Man ist sich noch nicht sicher, weshalb er seine Eier in fremde Nester legt. Vielleicht deshalb: Der Kuckuck war vor den Singvögeln auf der Erde. Als die flinken kleinen Sänger kamen, wurde für den langsameren Kuckuck die leckere Insektennahrung knapp. Er musste sich mit behaarten Raupen, harten Insekten und giftigen Schmetterlingen begnügen. Eine Nahrung also, die frisch geschlüpfte Jungvögel nicht vertragen. Will er sich fortpflanzen, ist der Kuckuck auf Singvögel angewiesen, die seine Jungen mit passender Nahrung versorgen.

Der Kuckuck gehört zu den Zugvögeln. Das sind Vögel, die zu einer bestimmten Zeit ihren Standort wechseln. Im Juni, spätestens jedoch im Juli macht sich der Kuckuck auf die mehr als 12 000 Kilometer lange und gefährliche Reise nach Afrika. Nur die Jungvögel fliegen erst im August, dann sind sie stark genug für die lange Strecke. Kuckucke sind Langstreckenzieher. Damit man mehr über das Leben des Kuckucks erfährt, geben Forscher einigen Exemplaren einen 5 g schweren Sender als „Rucksack" mit. Über Satelliten verfolgen sie, welchen Weg die Vögel in den Süden nehmen.

Leider gibt es immer weniger Kuckucke. Viele werden in Ländern südlich des Mittelmeers mit Netzen gefangen und auf dortigen Märkten als Delikatesse verkauft. Aber auch die Erwärmung durch den Klimawandel ist eine der Ursachen. Ihretwegen kommen viele der Vögel, die seine Eier ausbrüten und kürzere Strecken zurücklegen, früher aus ihren Wintergebieten zurück – und wenn der Kuckuck fast auf den Tag pünktlich zur Stelle ist, haben sie ihre Eier schon ausgebrütet.

Leider werden auch die Wirtsvögel immer seltener, weil artenreiche Lebensräume abnehmen: Immer mehr Grünflächen werden zubetoniert und Auen und Seelandschaften trockengelegt. Doch Singvögel brüten am liebsten am Boden, in Büschen, auf Bäumen, in Häusern oder im Schilf. Den Rest besorgen die auf den Feldern versprühten Gifte. Wie soll da ein Kuckucksweibchen in seinem Lebensbereich genügend Singvögel-Paare finden, die es für die Aufzucht seiner Jungen braucht?

Ist es nicht schade, dass man den Kuckuck immer seltener hört? Hört man seinen Ruf im Frühjahr zum ersten Mal, soll man seine Geldbörse schütteln. Warum? Einem Aberglauben zufolge hat man dann das ganze Jahr über Geld darin.

1 **Wann ist der Kuckuck bei uns zu hören?**

______________________________ /1

2 **Welches Verhalten unterscheidet den Kuckuck von anderen Vögeln?**

____

______________________________ /1

3 **Sind die Aussagen richtig oder falsch? Kreuze an.**

	richtig	falsch
Der Kuckuck legt seine Eier nur in leere Nester.	○	○
Das Kuckucksweibchen täuscht den ausgewählten Elternvögeln einen Angriff vor.	○	○
Das Kuckucksweibchen entfernt ein Ei aus dem Nest, frisst es, und legt sein eigenes hinein.	○	○
Die Anzahl der Eier muss gleich bleiben, weil die Wirtsvögel klug sind.	○	○
Das Kuckucksweibchen legt pro Jahr ungefähr 5 Eier in fremde Nester.	○	○

/5

4 **Die Vögel, bei denen der Kuckuck seine Eier ablegt, nennt man Wirtsvögel. Im Text werden drei Vogelarten aufgezählt, die der Kuckuck als Wirtsvögel nutzt. Unterstreiche sie orange.** /1

5 **Welche beiden Eigenschaften muss das Kuckucksei haben, damit es von den Wirtsvögeln angenommen wird?**

____

______________________________ /2

6 **Suche den Satz im Text und ergänze richtig.**

In ______________________________ gelingt die Täuschung, und das Kuckucksei wird von den Wirtsvögeln ausgebrütet wie die eigenen. /1

7 **Unterstreiche im Text diese Wörter blau und gib die Zeile an, in der sie stehen.**

Fütterungsreiz	(Z. ____)	Sender	(Z. ____)
Delikatesse	(Z. ____)	Klimawandel	(Z. ____)

/4

8 **Unterstreiche im Text grün, wie groß und wie alt ein Kuckuck werden kann.** ☐ /1

9 **Kreuze jeweils an, was richtig ist.**

Möglicherweise legt der Kuckuck seine Eier in fremde Nester, ...

- ◯ weil er ein Faulpelz ist und keine Lust hat, seine Eier auszubrüten.
- ◯ weil die frisch geschlüpften Jungvögel seine Nahrung nicht vertragen.
- ◯ weil er so mehr Eier legen kann.

Die Singvögel werden immer weniger, ...

- ◯ weil sie zu früh aus den Wintergebieten zurückkommen.
- ◯ weil sie keinen geeigneten Partner mehr finden.
- ◯ weil ihre Lebensräume zerstört werden. ☐ /2

10 **Ergänze die Lücken.**

Vögel, die zu einer bestimmten Jahreszeit ihren Standort wechseln, nennt

man ____________________. Die Reise des Kuckucks beträgt ____________ km,

er ist deshalb ein ____________________________________. ☐ /3

11 **Leider gibt es immer weniger Kuckucke. Nenne zwei Gründe, warum der Kuckuck gefährdet ist.**

____

____

____ ☐ /2

12 **Was soll angeblich passieren, wenn man seinen Geldbeutel schüttelt, sobald man den Kuckuck zum ersten Mal hört?**

____

____ ☐ /1

13 **Kennst du noch einen weiteren Aberglauben? Erkläre ihn. Die Bilder helfen dir dabei.**

____

____ ☐ /1

Von 25 Punkten hast du ______ erreicht.

15. Interview

Gespräch mit einem Wolfsexperten

Gestern kam Herr Neuer von der Naturschutzbehörde in die Klasse 4a, um über die Rückkehr des Wolfes in Deutschland zu berichten. Für die Schülerzeitung haben ihm die Kinder viele Fragen gestellt.

Schüler: Im Märchen frisst der Wolf das Rotkäppchen und die Großmutter. Galt der Wolf schon immer als böses, schreckliches Raubtier?
Herr Neuer: Nein. Im Altertum wurden der Sage nach die Zwillinge Romulus und Remus in einer Wanne im Fluss Tiber ausgesetzt. Diese blieb mit den Kindern an einem Feigenbaum hängen. Die Zwillinge fielen in den Schlamm und schrien kläglich. Da eilte eine Wölfin herbei und trug sie in ihre Höhle, leckte sie sauber und zog sie auf. Als Romulus und Remus erwachsen waren, gründeten sie an dieser Stelle die Stadt Rom. Hier ist der Wolf also kein böses Tier. Erst im christlichen Mittelalter wurde er verfolgt. Kaiser Karl der Große zahlte jedem eine Belohnung, der einen Wolf tötete. 1000 Jahre lang wurde der Wolf in Deutschland verfolgt, bis 1904 der letzte erschossen wurde.

Schüler: Aber jetzt ist der Wolf wieder da!
Herr Neuer: Ja. Um das Jahr 2000 kam er aus unseren Nachbarländern auf eigenen Pfoten nach Deutschland zurück und fing an, Familien zu bilden. Nicht alle Menschen freuen sich darüber. In Europa leben weit mehr als 12 000 Wölfe. In manchen Ländern waren sie nie ganz verschwunden.

Schüler: Woran erkennt man einen Wolf?
Herr Neuer: Nicht alle Wölfe auf der Welt sehen gleich aus. Unser Wolf ist der Grauwolf. Besondere Merkmale dieses Wolfes sind seine kleinen dreieckigen Ohren und der dunkle Sattelfleck auf dem Rücken. Im Bereich der Schnauze ist sein Fell stets hell. Das Fell am Bauch ist hellbraun. Sein hängender Schwanz hat eine schwarze Spitze. Im Vergleich zum Hund hat der Wolf längere Beine und erscheint eher mager.

Schüler: Wie leben Wölfe eigentlich?
Herr Neuer: Ziemlich ähnlich wie wir Menschen. Eine Wolfsfamilie besteht aus einem Wolf und einer Wölfin und deren Nachkommen. Die Eltern bleiben einander lebenslang treu. Sie führen das sogenannte Rudel an und sorgen dafür, dass kein fremder Wolf in ihr Revier eindringt. Die Jungwölfe helfen mit, die Welpen aufzuziehen. Eine Wolfsfamilie lebt ohne Streitigkeiten um die Rangordnung. Mit ein bis zwei Jahren verlässt ein Wolf seine Familie und macht sich auf die Suche nach einem Partner und ein eigenes Revier. Eine Wölfin bringt jährlich etwa drei bis acht Welpen zur Welt. Da auch einige Jungtiere immer wieder sterben, pendelt sich die Rudelgröße bei etwa acht Tieren ein.

Schüler: Und wovon leben die Wölfe?
Herr Neuer: Vom Jagen. Hirsche und Wildschweine sind ihre bevorzugte, aber auch gefährlichste Beute. Die können sich mit ihren scharfkantigen Hufen und Zähnen gut wehren und den Angreifer schwer verletzen. Oft entkommen sie. Wölfe fressen auch Hasen und kleinere Säugetiere. Bei Gelegenheit reißen sie Schafe und andere Nutztiere, wenn diese nicht durch einen Elektrozaun geschützt sind. Wölfe erreichen eine Geschwindigkeit von 50 Kilometern pro Stunde. Wenn nötig, legen sie an einem Tag bis zu 70 Kilometer zurück. Ihr Geruchs- und Gehörsinn sind unglaublich gut: Tiere riechen sie auf eine Entfernung von 2,5 Kilometern und andere Wölfe können sie noch in neun Kilometern Entfernung hören.

Schüler: Sind Wölfe für Menschen gefährlich?
Herr Neuer: Nein, denn Wölfe sind normalerweise nicht an Menschen interessiert und gehen ihnen aus dem Weg. Seit es wieder Wölfe bei uns in Deutschland gibt, wurde nicht bekannt, dass sich einer aggressiv gegenüber Menschen verhalten hätte.

Schüler: Und wenn man trotzdem einmal einem Wolf begegnet?
Herr Neuer: Das Wichtigste ist ruhig bleiben und Abstand halten. Zieht sich der Wolf dann nicht zurück, sollte man laut sprechen und in die Hände klatschen. Wenn sich ein Wolf nähert, sollte man auf jeden Fall stehen bleiben und sich groß machen. Auf keinen Fall davonlaufen, da das ein Verfolgungsverhalten des Tieres auslösen würde. Zu beachten ist auch, dass man Wölfe nicht füttern darf und keine Essensreste liegen lassen sollte. Hunde sind an die Leine zu nehmen, da die Wölfe auf freilaufende Hunde aggressiv reagieren. Wenn ihr wirklich einmal einem Wolf begegnet, dann meldet es der Naturschutzbehörde.

Schüler: Warum sind Wölfe geschützt?
Herr Neuer: Für sie gilt in Deutschland die höchste Schutzstufe, weil sie nützliche Tiere sind. Sie tragen dazu bei, dass die Natur im Gleichgewicht bleibt. Große Tiere wie Rehe, Hirsche und Wildschweine sollen nicht überhandnehmen, da sie Bäume und Pflanzen anknabbern und fressen und so dem Wald schaden. Der Wolf ist hier ein natürlicher Jäger.

Schüler: Ich habe in der Zeitung gelesen, dass immer wieder Wölfe getötet werden.
Herr Neuer: Darauf stehen hohe Strafen, aber die Täter sind meist schwer zu ermitteln. Die häufigste nichtnatürliche Todesursache ist jedoch der Verkehr. Wölfe brauchen keine Wildnis, sie leben dort, wo es genug zu fressen gibt und wo wir sie leben lassen. Aber das ist noch immer für viele Politiker und Leute aus der Bevölkerung schwer zu verstehen.

Schüler: Wir bedanken uns für das interessante Interview!

1 Kreuze an, was stimmt.

- ◯ Wölfe sind in allen Märchen und Sagen böse.
- ◯ Seit dem christlichen Mittelalter wird der Wolf verfolgt.
- ◯ Im Jahr 1914 wurde der letzte Wolf in Deutschland getötet.
- ◯ Wölfe kamen aus benachbarten Ländern wieder nach Deutschland.

☐ /2

2 Zu welcher Wolfsart gehören die bei uns lebenden Wölfe?

______________________ ______________________

☐ /1

**3 In jeder Beschreibung des Wolfs stimmt ein Wort nicht.
Streiche es durch und schreibe das richtige daneben.**

große dreieckige Ohren ______________________

kürzere Beine als ein Hund ______________________

schwarzer Sattelfleck auf dem Rücken ______________________

dunkles Fell um die Schnauze ______________________

aufgerichteter Schwanz mit schwarzer Spitze ______________________

hellgelbes Fell am Bauch ______________________

☐ /3

4 Wie viele Wölfe leben zur Zeit ungefähr in Europa?

____

☐ /1

5 Für das Wort „Rudel" wird im Text auch ein anderes Wort gebraucht. Welches?

____

☐ /1

**6 Vier Tierarten, die der Wolf als Beute betrachtet, werden im Text genannt.
Welche? Schreibe sie auf.**

______________________ ______________________

______________________ ______________________

☐ /4

7 Ergänze mit Hilfe des Textes.

Wolfseltern bleiben einander lebenslang ______________________. Sie sorgen dafür, dass kein ______________________ Wolf in ihr Revier ______________________. Jungwölfe helfen mit, die ______________________ ______________________.

☐ /2,5

8 **Welche Sinne des Wolfes sind besonders ausgeprägt? Erkläre genau.**

/2

9 **Welche der folgenden 4 Fragen wird im Text nicht beantwortet? Streiche sie durch. Finde die Antworten auf die anderen Fragen.**

1. Welcher Kaiser zahlte für jeden getöteten Wolf eine Belohnung?

2. Wie viele Welpen bringt eine Wölfin jährlich zur Welt?

3. Weshalb reagieren Wölfe auf Hunde aggressiv?

4. Wie schnell können Wölfe laufen?

/4

10 **Wie verhältst du dich, wenn du einem Wolf nicht nur begegnest, sondern er sich dir nähert? Unterstreiche die entsprechende Stelle im Text.** /1

11 **Wölfe sind in Deutschland geschützt, weil sie helfen, dass die Natur im Gleichgewicht bleibt. Erkläre, was damit gemeint ist.**

/2

12 **Was würdest du jemandem sagen, der behauptet, es sei nicht ratsam, in Wolfsgebieten spazieren zu gehen?**

/1

Von 24,5 Punkten hast du ______ erreicht.

Tipps für die Bearbeitung von Lesetests

1. Sorge für eine angenehme, ruhige Lernatmosphäre!

- Achte darauf, dass du **ungestört** arbeiten kannst.

2. Verschaffe dir zuerst einen Überblick über den Text!

- Denke kurz über die **Überschrift** nach.
- Achte auf einzelne **Abschnitte** und **Bilder**.

3. Lies jetzt den Text genau!

- Stelle beim Lesen **W-Fragen**: **Wann**, **wo**, **wie**, **warum** geschieht etwas? **Wer** tut etwas? Das erleichtert dir später das Beantworten einzelner Fragen.
- Lies noch einmal, wenn du etwas nicht verstanden hast.
- Merke dir schon beim Lesen **wichtige** Einzelheiten.
- Versuche unbekannte Wörter aus dem **Textzusammenhang** zu erschließen.
- Mache nach jedem Abschnitt eine **Pause**; denke über das Gelesene nach und speichere das Wesentliche in deinem Gedächtnis.
- Frage dich beim Lesen stets: Was ist der **Sinn** des Textes, die Hauptaussage des Textes?

4. Bearbeite nun die einzelnen Aufgaben zum Text!

- Lies jede Aufgabe **genau** durch. Es kommt auf **jedes einzelne Wort** an.
- Fragen zum Text solltest du so oft lesen, bis du sicher bist, dass du sie **verstanden** hast.
- Achte darauf, dass du jede Frage **vollständig** und **gründlich** beantwortest.
- Falls du bei einer Aufgabe mal keine Antwort weißt, dann lass dich nicht aus der Ruhe bringen. Beantworte zunächst die anderen Fragen und nimm dir **zum Schluss die schwierige Frage** noch einmal vor.
- Es gibt viele verschiedene Aufgabentypen, z. B. eine bestimmte Stelle im Text unterstreichen oder ankreuzen, was richtig oder falsch ist. Beachte also immer genau, was von dir verlangt wird.

5. Was du zuletzt tun kannst:

- Sieh nach, ob du **alle** Aufgaben bearbeitet hast.
- **Überprüfe** bei schwierigen Aufgaben noch einmal, ob deine Lösung stimmt.